人生は「言語化」すると動き出す

木暮太一
Taichi Kogure

フォレスト出版

はじめに

「今の状況を変えたい」と思ったら、何をやればいい？

かつて、ぼくの人生は完全に「止まって」いました。傍《はた》から見れば進学校に通い、大企業に就職し、悩みなんて何もなさそうに思われたかもしれません。でも、ぼくの人生は完全に止まっていました。

2001年、ぼくは慶應義塾大学経済学部を卒業し、富士フイルムに新卒で就職しました。慶應大学を卒業したこと、世界的な大企業に就職できたことで、ぼくは自分の人生が大きく変わると思っていました。それまでのぼくは、絵に描いたような「優等生」で、周囲の期待どおりに勉強し、スポーツも頑張り、周囲の期待どおりに「いい会社」から内定をもらいました。まわりから見れば文武両道で、本当に「いい子」だったと思います。しかし裏を返せば、ぼくは周囲の期待に応えることだけで、自分自身でやりたいことをそれまで1つもやってきませんでした。というより、正確に言えば、自分自身が「何をやりたいか」すら、まったくわかっていませんでした。

「私の将来の目標は、世の中に貢献することです。そして、その力を身につけるために、新しいことに自分からどんどん挑戦していきたいです」

就活の面接では、こんなことを一生懸命に語っていたのを今でも覚えています。ひいき目に見ても「うわべ」すぎる言葉の羅列です。無難な言葉を並べているだけで、何一つ具体的なことがわかりません。

さらには、これらは単に内定をもらうために企業の顔色を見てつくったものです。いわゆる「自己分析」を、時間をかけて行ないましたが、いくら考えても「やりたいこと」なんてまったく見つけることができませんでした。それまで、他人の顔色や世間体ばかり気にして生きてきたので、当然と言えば当然ですね。

一方で、「今のままではいけない、何か別のことをしなければ」という焦りは常にありました。日々サラリーマンの仕事に打ち込む一方で、ひたすら情報商材を買い漁ってオーディオセミナーを聴いたり、自己啓発セミナーにお金を投じたりしていました。仕事はかなり忙しく、毎日日付が変わってから帰宅していましたが、そこから明け方まで「成功するための方法」を勉強していました。


でも実際には、何も変わりませんでした。

成功するためには、「人よりも長く働かなければ」と考え、ほぼ毎日終電まで会社に残り、仕事をしていました。

でも、そんな生活を続けていても、状況はまったく変わりませんでした。本もたくさん読みましたし、土日はセミナーや勉強会に出席し、いろんな「学び」を得ていました。しかし結局、すべてが無駄に思えるほど、結果には結び付きませんでした。

いろいろやってみても、人生が動かないのはなぜ？

ぼくと同じように、毎日一生懸命に働いているのに、何も自分の状況が変わっていない。そう感じる人は多いでしょう。給料も上がらないし、やっている仕事の内容は同じ。さらには、10年後の自分を想像しても、今の生活と何ら変わってないような気もする——。そんな閉塞感を抱えている人はとても多いと思います。

こんな状況を変えるために、自分でいろいろ本を読んで勉強したり、自己啓発セミナーに参加して学んだり、自分にとっての目標とする人のマネをしてみたり、さらには副業を始めてみたり、自分で工夫してきたと思います。いろんなことを取り入れてきたと思います。

でも、自分の人生が動いていない感覚がありますよね。

なぜ毎日こんなに頑張っているのに、まったく前進していないんだろう……。そう悩んでいる人は本当に多いと思います。

「大事なこと」は、もうだいたい知っている

今では、なぜぼくの人生が止まっていたのか、よくわかります。本を読んで勉強しても、セミナーを受けても、人生が動かなかった理由がありました。

たしかに本を読んだり、誰かの話を聞いたりすることも、時には重要かもしれません。でも、それらを実行しても、実際には人生は動き出しません。なぜなら、それらの「ノウハウ」は、すでにぼくらが知っていることだからです。

どんな本を読んでも、どんな人から話を聞いても、おそらく過去に見聞きしたことがある内容がほとんどではないですか？

自分の人生を変えるために必要なことは、おそらく、どの国でも、どの時代でも似たような要素が必要で、それらはすでに多くの本に残されています。

◉自分の希望を伝える前に、相手の希望を叶えなければいけない。

◉自分の話をするよりも、相手の話を聞くほうが大事。
◉常に学び続け、時代の変化に対応しなければいけない。

などなど、いろんなことが語られますが、これらはすでにどこかで見聞きしたことがあり、「知っていること」ではないですか？

つまり、**ぼくらは、どんなことをやるべきか、その方向性はすでに知っている**んです。

問題は、知っていても実現できないことです。なぜか？

それは、**「明確になっていないから」**です。

ハーバード大学の研究によると、「人間の意識の95％は言語化されていない」とのことです。そして、言語化されていないものは、自分でも「なんとなく」でしか捉えていません。つまり、ぼくらが学んだこと・感じていることの95％は、自分のものになっていないということなんです。

「言語化」すると、人生は一気に動き出す

大切なのは、**「漠然とした一般論を知る」ことではなく、「自分にとって必要なことを明確にし、具体的に考える」こと**です。そして、それを実行することです。

こんな当たり前のことに気づくまで、ぼくは長い時間がかかりました。今から思うと、だいぶ回り道をしました。もっと早く気づき、もっと早く考え方と行動を変えていたら……と思うことも正直あります。

ただ、もがいてきた期間が長かった分、明確に言語化できたあとは早かったです。自分の方向性が明確になり、成果を高めるために何をしなければいけないかが明確になりました。自分自身が何を望んでいるか、何を避ければ人生の質が上がるかがクリアになり、年収は劇的に増加し、変なストレスがかかる仕事を完全になくすことができました。

ぼくは長い間、「言語化」について研究してきました。直近で出版した『すごい言語化』には、自分のビジネス的な価値を明確に言葉にする手法を解説しました。また『リーダーの言語化』にはチームをまとめ、まわりを動かすための言語化スキルをまとめました。これら2冊を出版してから、より多くの人が**「言語化の重要性」**に注目するようになったと感じています。

これは、仕事・ビジネスだけではなく、自分の人生についても同じです。

やっぱり、人生は「言語化」すれば動き出すんです。言語化しさえすれば、これまでの努力が報われ、一気に歯車がかみ合って、前進していきます。

ぼくらは長年、いろんなことをがんばってきました。残るは「言語化」のみです。

一緒に、人生を動かしていきましょう。

2025年春　ハワイ島の自宅にて

木暮太一

人生は「言語化」すると動き出す◎CONTENTS

第1章 あなたの人生を動かすものを言語化する

第2章 自分が望んでいるものを「言語化」する

第3章 ゴールと同時に「自分」を言語化する

第4章 「やるべきこと」を取捨選択する

第5章 「やりたいこと」と「今日やるべきこと」を言語化する

装幀◎河南祐介（FANTAGRAPH）
本文デザイン&図版作成◎二神さやか
本文ＤＴＰ◎株式会社キャップス

序章

あなたの人生を今日から動かす

人生を動かす3つのステップ

「これまでもがんばってきた。でも、何をしても状況が変わらない」

そう感じている人もいらっしゃるでしょう。給料も上がっていかないし、数年前と比べて何も進歩していないように感じることもあるかもしれません。たしかに努力が報われていないことがあるし、全部無駄に思えることもあります。

でも、そうじゃないんです。

これまであなたの人生が止まっていたのは、**単に歯車がかみ合ってなかっただけ**です。努力を成果に結びつける歯車がかみ合ってなかった。だから、たくさん悩んでも状況が変わらないし、毎日がんばってもなりたい自分になれなかったのです。

これまで積み重ねてきたものは、あなたの中に着実に残っています。

ただ、これまでと同じことをやっていても、成果は上がりません。何をしても、どれだけ時間をかけても、人生が動いている感覚は得られないでしょう。ぼくらは変えなければいけません。

では、ぼくらが人生を動かすためには何が必要なのか？

結論から言うと、それは**「明確にすること」**です。そして、明確にするとは**「明確な言葉にすること」**です。つまりは**「言語化」**です。

そのメカニズムを詳しくまとめてみます。それには大きく3つのステップがあります。

①明確な言葉にできれば、明確に考えることができます。
②明確な言葉で考えれば、明確なゴールを示せます。
③そして、明確な計画を立てることができます。

これがぼくらの人生を動かしていくのです。

ぼくらは自分が考えていることをあいまいにしか捉えていません。そして、あいまいだから、実行できないのです。**知識としては「知っている」のに、自分の中で明確**

になっていないから行動に移せないわけです。

逆に言えば、明確にすれば実行ができます。そして、実行すれば、何らかの成果が生まれるものです。

たとえば、マラソンを始めていきなり42・195キロ走り切ることは難しいでしょう。今日ジョギングを始めたら100メートルで終わってしまうかもしれませんが、明日も明後日もジョギングを続ければ、今日は100メートルは走れると思います。今日は100メートルは走れると思います。次第に走れる距離は伸びていきます。

成果が出せないとき、**多くの人はうまいやり方やノウハウを勉強しようとします。もちろん勉強も大事ですが、もっと大事なことは実行すること**です。仮に走り方が間違っていたとしても、毎日行動すれば成果は少なからず出ます。一方、正しいやり方を学ぼうとして止まっている間は、確実に成果は出していません。

残るは「言語化」だけ

「彼《か》を知り己《おのれ》を知らば百戦殆《あや》うからず」という言葉があります。これは、「戦う際には、相手と自分の両方の情勢を分析することが最も重要である」という意味の、『孫子の兵法』に出てくる格言ですが、ビジネスでも同様に考えられています。この考えは、ビジネスだけでなく、自分の生き方・自己実現に関しても同じだと思うのです。

自己実現の場合は、戦いと違って誰かを倒すことが目的ではありません。また、誰かの足を引っ張って自分が先に行こうとしているわけでもありません。

自分の人生の目標を考えた場合、大事なのはまわりではなく自分です。自分が何をするか、どれだけするかです。それ以前に、**自分が何をしたいか**です。つまり、自分の人生を動かすことを考えるならば、必要なことは「**自分自身を明確に捉えること**」です。つまりは、（ライバルのことはひとまず置いておいて）「己を知らば百戦殆うからず」なのです。

ぼくらが**自分自身を知るためには、自分が使う言葉を再確認しなければいけません。**

ぼくらの現状は、自分が使っている言葉でできています。そのため、自分が使う言葉に注意しなければいけません。「汚い言葉づかいをしちゃいけない」とか、「ビジネスにふさわしい言葉を使おう」とか、そういう意味ではありません。そうではなく、

ぼくらが出している結果は、ぼくらが使っている言葉に大きく左右されるから、言葉をないがしろにしていたら結果も得られない、という意味です。

なぜ言葉が結果を左右するのか？

それは、**言葉がその人の思考の制限になる**からです。

あいまいな言葉を使っている人は、あいまいな思考しかできなくなります。たとえば、よく「お金持ちになりたい」と口にされるケースがありますね。でもこの表現では、お金持ちになれません。自分がいくらほしいのかが明確になっていないからです。同じように、「幸せになりたい」という表現でも、「幸せ」になれません。自分が求めている「幸せ」が何かが明確になっていませんし、そもそも自分自身でも、どうなりたいのかよくわかっていないからです。自分が漠然としか捉えられていなければ、そこに向かって行動することも、たどり着くこともできません。

「明確にすれば潜在意識が助けてくれる」という話ではなく、**「明確にすれば自分が行動できる」**のです。逆に言えば、自分が明確にしていないものは、自分でも（実は）理解しておらず、それを手に入れるための行動も取ることができません。結果として、

「あいまい言葉」では、「行動」につながらない

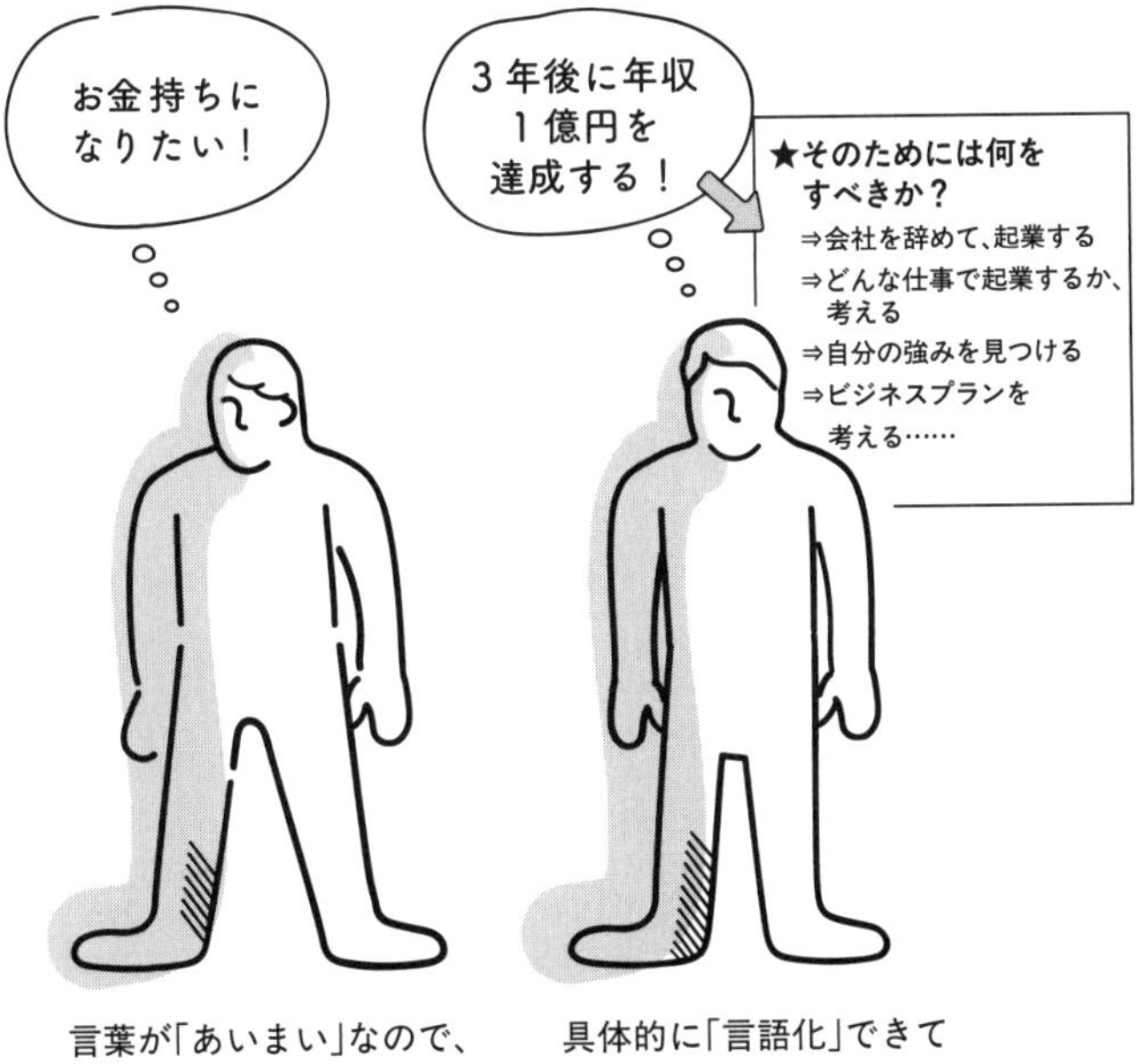

言葉が「あいまい」なので、
「行動」につながらない。

具体的に「言語化」できているので、
ゴールに向けて
「行動」すべきことが、
どんどん出てくる。

ゴールに向けて行動することができないので、そこにたどり着けないわけです。

なぜ言葉にすると、人生が動き出すのか

言葉にすれば実現される可能性が高まっていきます。

ぼくらは日々、言葉で考えています。「休みの日は何をしようか」「仕事で問題が起きたときにはこうしよう」とか、頭の中で決めて行動に移します。

つまり、**頭の中で考えたことを行動に移しているわけで、明確な行動リストが頭の中にあるから、行動できる**わけです。

明確な行動リストをたくさん持っている人は、すぐに行動ができます。しかし、あいまいなリストしか持っていなければ、何もできません。言葉にしたことがないこと、言葉になっていないものは、そもそも考えようがありません。そして、行動しようがないわけです。

「そんなこと、当たり前でしょ」と感じるかもしれません。ただ、多くの人が自分の

中で行動する考え方を明確にしていません。

たとえば、何か問題が起きたときに「どうしよう……」と口にしますよね。でも、「どうしよう」と考えても、一向に答えは出てきません。

「どうしよう」とは、「どのようにしよう?」という意味です。厳密に考えると「どのようにしよう」とは、「○○をするけど、これをどのようにすればいいだろう」という意味です。つまり、何かをすることが決まっていて、それを「どのように」すればいいかを問いかける質問です。

ですが、ほとんどの場合、この「○○」が見つかっていません。肝心の「何をするか」がまだ見えてないのです。旅行の目的地が決まっていないのに、「どう行けばいいだろう?」と移動手段を検討しているようなものです。

本来この「どうしよう」は、かなり変な問いかけなんです。でも、この「どうしよう」は、フレーズとして成立しているように見えるので、このまま考え続けてしまいます。

また、「相手の立場に立とう」というフレーズがあります。ビジネスでもプライベートでもよく言われる言葉ですね。何か問題が起きると、「じゃあ、相手の立場に立って考え直してみよう」と言われ、「そうだね、その視点が抜けてたな」と反省することもあります。とはいえ、何も行動できません。

というのは、相手の立場に立とうと考えても、実際は相手の立場に「立つ」ことはできないからです。そういう場所がないからです。だから立ちたくても立てない。何をしていいかわからない。「相手の立場に立ちたい」のはやまやまですが、何をすればいいのかがわからない。だから、結果的に「相手の立場」に立つことができないわけです。

揚げ足を取っているのではなく、実際に何をしていいかわからないのです。何をしていいかわからなければ、当然行動することもできません。だから結果も得られないのです。

私たちの行動のすべては、言葉ありきなのです。言葉が明確になっていて、それを明確に自分で捉えているから行動に移せるということをぼくらは自覚しなければいけません。

「どうしよう」では、答えは一生出ないメカニズム

言語化した「行動リスト」
がないから、
何もできない。

言語化した「行動リスト」が
頭の中にあるので、
すぐ行動に移せる。

言葉が、ぼくらに制限をかけている

さらに言うならば、ぼくらは言葉で制限をかけられています。

ぼくらの思考や行動は、ぼくらが使っている言葉で方向づけられています。つまり、実は**ぼくらが自然に考えて行動することは、ぼくらが普段から使っている言葉に誘導されている**わけです。そして、ぼくらの「当たり前」をつくってきたのは言葉なんです。

たとえば、「人に迷惑をかけてはいけない」という言葉があります。誰しも一度は言われたことがあるでしょう。このフレーズに対して「そんなことはない！」と真っ向から反対する人はいないでしょう。

でも、人に迷惑をかけてはいけないと考えていると、迷惑をかけていそうな人を見かけたときに、怒りを覚えたり、嫌悪感を抱いたりします。「迷惑をかけてはいけないのに、あの人は迷惑をかけている。おかしいだろ！」という理屈で怒りの感情が出てきます。「人に迷惑をかけてはいけない」という言葉を投げかけられたので、人に迷惑をかけている人を見ると許せないという感情が湧くわけです。

でも、インドでは子育てをするときに異なる声掛けがされるようです。「生きていれば人に迷惑をかけてしまうもの。お互い様なのだから、誰かから迷惑をかけられても許してあげなさい」と伝えるそうです。この言葉で育った子供は、迷惑をかけている人を見ても、「自分も人に迷惑をかけているし」と冷静でいられます。起こっている事柄は同じなのに、ぼくらが抱く感情はまったく違うものになります。日本人とインド人とでは、「当たり前」が異なるわけです。それは、言葉によってぼくらの感情や考え方すらも制限され、誘導されているからです。

「借金は悪」という言葉があなたの人生に与えている影響力

「借金は悪」という言葉も、ぼくらの考えと行動に制限を加えてしまっています。多少弱くなった気もしますが、それでもぼくらの中には「借金はしてはいけない（借金は怖いもの）」という感覚が残っています。

でも、これは明らかに間違いです。そして、借金に対する言葉で、借金を活用できる人にもなれば、借金ができない人にもなります。行動が変わってしまうわけですね。借金をできる人は、借金をすることのメリットを享受《きょうじゅ》できます。借金をかたくなに拒んでいる人はそのメリットを受けることができません。

とはいえ、「借金があるよりないほうがいいはずだ！」と感じる人は、かなり思考の制限を加えられていると言わざるを得ません。もし借金をしてはいけないのであれば、銀行は存在してはいけないことになります。ほとんどの企業は借金をしていますし、国だって借金をしています。

ぼくは２０１９年から不動産投資を始め、今では20億円以上の資産を築いています。不動産を買うときに銀行からお金を借りますが、できるだけ多く借りようと頑張ります。というのは、銀行から借りられなかったお金は、自分で貯めるしかないからです。そして、自分でお金を貯めるには時間がかかるからです。もし銀行からお金を借りず、すべての資金を自分で貯めて不動産を購入していたら、相当スピードが遅くなっていたでしょう。

「借金は悪」という考えに制限されてしまうと、常に自分でお金を用意できるまで何も始めることができません。結果として、かなり長期にわたって自分の人生が止まってしまうことになります。

何でもかんでも借金をすればいいということではありません。

「借金は悪」という考えで、**借金すべてを切り捨ててしまうと、自分に大きくマイナスになることがある**ということ、その前提として、**自分が使っている言葉から、自分の行動と得られる結果が大きく影響を受けている**ことをお伝えしたいのです。

人生は「言語化」すると動き出す

もし、**「自分の人生が止まってしまっている」と感じているならば、最初に目を向けるべきは「言葉」**です。自分が使っている言葉を再検証し、明確にすれば、本来自分が何を得たいのかが見えてくるようになり、そこに向かって行動することができます。

そして、自分の人生を動かすことができます。

ただやみくもに頑張り続けるのは終わりにしましょう。

漠然とした不安を抱き続けるのもおしまいにしましょう。

言語化できれば、あなたの人生が動き始めます。

第1章

あなたの人生を動かすものを言語化する

熱意を持ちにくい時代に、自分の人生を動かす

率直に言って、ぼくは「サラリーマン」が合っていませんでした。仕事が嫌で、毎日会社に行くのが本当に苦痛でした。そして今、かなり多くの社会人が「明日仕事行きたくない」と感じています。アメリカのギャラップ社の調査によれば、自分の会社に愛着を持てない人が95％もいます。要は、みんな仕事が嫌いなのです。

そのためか、企業側も研修やメンタルフォローをし、心理的安全性を確保しようと頑張っています。上司が１ｏｎ１の時間を取ったり、メンバーのやる気を引き出すためにいろいろしてくれています。だけど、「それじゃない感」がハンパない……。

そもそもぼくらは、**自分が本当に望んでいることをしていません**。ぼくは強くそう感じています。そもそも論ですが、ぼくらが就職活動・転職活動で語った志望動機は、本音ではなく、「内定を取るために」という側面が強かったですよね。嘘ではなかったとしても、本当に自分の希望ややりたいことを語って入社した人は、ごくわずかだ

と思うのです。

そんな環境で、毎日熱狂的に過ごせるほうが不思議です。

日本には「職業選択の自由」があります。ぼくらはどんな仕事に就いてもいいし、途中で仕事を変えても構いません。あなたの自由です。にもかかわらず、**大多数の人は、嫌々ながらその仕事を続けています**。文句を言いながら続けている人も現実にはたくさんいます。

かといって、「やりたいことをやればいいじゃん」と言われると、みんな困ってしまいます。**特にやりたいことがないから**です。

ぼくらは小さいころから、自分のタスクを与えられてきました。学校では勉強する科目を与えられ、「これだけ勉強しておけば受験に受かる」と言われてきました。

勉強する・しないは自主的に決めましたが、そもそもその科目の中に「AI」はありませんでした。「営業」もありません。「お笑い」という科目もありませんでした。

子供のころは与えられたことをやっていれば良かったのに、社会に出たら途端に「自分がやりたいことをやれ」と言われてしまう——。

これはかなり酷です。ほとんどの人はその発想を持っていないので、会社から与えられたタスクや、世の中的に「やったほうがいいこと」をやっています。

この状況の中で、業務効率化やワーク・ライフ・バランスを考えても、あなたの人生は動き出さないでしょう。

自分の人生を動かすためには、根本を変えなければいけません。

人生を動かすために必要な3つのこと

もしあなたが、「自分の人生を動かしたい」と感じていたら、あなたに必要なことは3つです。その「動かしたい部分」がビジネスであれ、プライベートであれ、あなたの人生を動かすための方法は3つです。

まず**1つ目**は、**「ビジョン・ゴールを達成する」**ことです。あなたのビジョン・ゴールが実現できたら、あなたの人生は動き出します。

2つ目は**「自分が日々したいことができる」**です。たとえ小さいことでも、あなたがいつも「こんなことしたいな」と思っていることができていたら、人生が動いている感覚を得られます。

そして**3つ目は、「強烈に嫌なことを避ける」**です。あなたが大きく嫌っていることを解消できたら、あなたは人生を動かすことができます。

ここで挙げた3つのエッセンスについて、それぞれもう少し深掘りして解説します。

①ビジョンを実現できたら、人生が動き出す

まず、「ビジョンを実現できたら、人生が動き出す」。これはよく言われることで、自分が目標としていることを達成できたら、自己実現ができますよね。自分がやりたいこと、人生をかけて生涯にわたって取り組んで成し遂げたいことが実現できたら、自分の人生はものすごく充実します。自分の中での達成感もあり、「生きてて良かった！」と感じられるかもしれません。

これは、多くのビジネスでも言われていますし、『思考は現実化する』というナポレオン・ヒルの本にも同じように指摘されています。この「明確なビジョンを持ち、それを達成させることが大事」という内容に反対する人はほとんどいないと思います。ぼくも賛同します。

ただ、本書でお伝えしたいのは、**「ビジョンを実現させることが大事」**ではなく、「ビ

ジョンを実現させるのは3つのうちの1経路にすぎない」ということです。

世の中の大多数が「ビジョンの実現」を掲げなければいけないと考えています。でも、自分の人生を動かす方法はこれだけではありません。ここにだけ集中してはいけません。

②日々したいことができたら、人生が動き出す

あなたの人生を動かすために知っておかなければいけない2番目のエッセンスは、「日々したいことをできたら、人生が動き出す」です。

たとえば、ぼくはハワイが好きで、年間累計3カ月ぐらいハワイに滞在しています。ハワイは大好きですが、このハワイに滞在することがぼくのビジョンではありません。ハワイにいる時間はすごく大事にしていますし、頻繁にハワイに行きたいと常に思っています。実際、それを実行しています。ただこれが人生の目的かと言われると、そうではありません。

これは、**ビジョンではなくて「日々したいこと」**です。その日々したいことをできていたら、毎日が心地いいし、自分の人生でやりたいことをやっている感覚がありま

す。ビジョンや使命と考えてしまうと、非常にたいそうな目標を掲げなければいけないと感じてしまいます。でも、本当はそうじゃなくても構いません。

人によっては、「あの業界で仕事をする」とか、「こんな人たちと一緒に過ごす」とかもしれません。また、ぼくのように「ハワイで暮らしたい」でもいいし、「毎日夕方5時には家に帰ってビールを飲んでいたい」でもいい。**たいそうなゴールでなくてもいいんです。**

自分の仕事を「天職」と感じられている人も一部にいる一方で、嫌いじゃないけど寝食を忘れて没頭するレベルではない、と感じている人がほとんどです。それでいいんです。**「天職にしなければいけない」と考えるから、「今のままじゃいけないんだ」と強く否定された感じだけ残ってしまう**わけです。

ぼくも小さいころから「目標を持て」と頻繁に言われてきました。半ば脅迫されていた感じですらあります。ぼくも目標を持とうと頑張っていろいろ考えました。でも、人生経験が少ない中で目標を持つことは非常に難しい。というか、現実問題として不可能で、なかなか目標らしいものは見つけられないものです。「目標を持っていない人間は生きている価値がない」と断言するような大人もいて、毎日毎日「目標を持っていない自分」がすごくダメな人間だと思わされていた気がします。そして無理やり「弁護士になるのが夢」と語ってみたり、「社会貢献する活動をしたい」などと口にしていました。社会のことなんてまったく知らないのに、「社会貢献をしたい」って、いったい何をするつもりだったんでしょうね。

今の言葉で言えば、「ビジョンや使命などの大きな目標を持たなければいけない。それを持っている人だけが人生が前に進んでいる」と刷り込まれていた感があります。でも、それは大きな間違いです。

マインドフルネスの考え方でもあるように、**ぼくらは「今」を生きています**。そして、**ぼくらの人生とは、その「今」の連続**です。つまりは、「今」が楽しくなかったら、ぼくらの人生は楽しくないんです。

将来のためにとか、先のことを考えなければいけないとか、いろいろ言われますが、それでもぼくらの人生が「今」の連続であることに変わりはありません。将来のことを考えることも大事なことの1つです。でも、「1つ」にすぎません。他愛のないことだったとしても、**日々やりたいことをやって「今」を変えていければ、ぼくらの人生**

は動き始めるのです。

③強烈に嫌なことを避けられたら、人生が動き出す

ただし、**その「今」に強烈に嫌なことが入り込んでいたら、あなたの人生は止まったままになります。これを変えなければいけません。**それが3番目です。

ぼくはサラリーマンが肌に合わず、会社勤めをしていたときは非常に強いストレスを抱えていました。今となっては、ぼく自身が至らないだけだったと思えますが、当時は、「なんでこんな指示を受けなきゃいけないんだろう」「なんでこんなダメな案を実行しなきゃいけないんだろう」と強く反発していました。

ぼくは若手のころ、直属の上司から強烈なパワハラを受けていました。ぼくがダメ社員だったせいでもありますが、毎日相当な圧力を受けていました。そのため、この時期、ぼくの人生は完全に止まっていました。仕事でうまくいったこともあったはずですが、そんなことはまったく喜べないくらい「明日も怒鳴られるかもしれない」という恐怖が強かったのです。**自分の人生を動かすためには、強烈に嫌なことを排除しなければいけません。**

人生を動かすために必要な３つのこと

①「ビジョン・ゴール」を言語化して達成する

「不労所得を充実させて、趣味のサーフィンを自由にやりたい」など、ビジョン・ゴールを掲げて、達成する。

②「日々やりたいこと」を言語化して、日々やる

「毎日定時に帰って、ビールを飲んでいたい」など、日々やりたいことをやって「今」を変える。

③「強烈に嫌なこと」を言語化して、避ける

たとえ高い給与をもらっていても、強烈なパワハラを受けているなら、そこから逃げ出すべき。

一般的にも、直属の上司と相性が悪かったり、パワハラを受けていたりするケースがあります。もしそうなると、自分の人生は止まってしまいます。仮に年収も上がっていて、好きな職種には就けていて、プライベートも順調だったとしても、強烈なストレスを上司から受けていたりすると、常に嫌な感情が付きまとい、「明日もきっと嫌がらせされるだろうな」と気になってしまいます。そんなときに、たとえば海外旅行をしても、どれだけおいしい食事をしても、まったく楽しめないものです。

ゴールは、いつ明確になるのか？

すでにお伝えしたように、自分のビジョンや使命が達成できれば、自分の人生は動き出します。しかし、この「ビジョン」「使命」がなかなか見つかりません。というより、それが見つかっている人はすでにそれに向かって行動しているはずです。見つからないから困っているんですよね。

そもそも「ゴール」として何を探せばいいのかわかりません。よく言われるのは、「絶対に成し遂げたい、情熱を持って取り組めること」です。多くのビジネス書、自己啓発書に自分が強く情熱を持っているもの、成し遂げたいものを明確にしましょうと書いてあります。企業経営においても「ビジョンが重要」「ビジョンがある会社とない会社では、成果がまったく違う」みたいな話が書いてあります。

そのとおりかもしれませんし、企業体であればチームをまとめるために、そういうものが必要かもしれません。

ただ、個人的にそんな強い思いを持っているものがあるかを考えてみてほしいんです。

現時点で「ない」から探そうとしているわけです。これから考えて、頭の中でつくっていこうとしているわけです。

ここに無理があります。言ってみれば、このビジョンや使命は、「大恋愛」と同じです。一生かけてこの人を守っていく、「私の人生=あなたの人生」というぐらいにまで思え、離れたくないと感じる。そんな大恋愛ができたらすごく幸せですし、そう思える人に出会えたら、この上なくハッピーだと思います。

でも、なかなかそれは難しいものです。少なくとも頭で考えて見つかるものではありません。

大恋愛を頭の中だけで考え、「こういう相手だったら大恋愛できる！　私が探すのはこういう人だ！」と決めても意味がありません。どういう相手だったら大恋愛ができるのかを机に座って紙の上に書き出して、自分の要望と相手のスペックを書き、「よし、理想の相手はこういう人だ！」と決めている人、おそらくそういう人は大恋愛にはたどり着きません。ミスチルの歌にもありますけれども、愛は「気づいたときに、そこにあるもの」です。

自分のビジョンや使命も同じです。

机に向かって自己分析をし、頭で考えて「これが私の使命です（私はこの活動なら一生懸命取り組めます）」と決めるものではないはずです。大恋愛と同じように、**気づいたらすごくやりたいと感じていたもの**のはずなんです。それを後付けで「ビジョン」「使命」とぼくらが勝手に呼んでいるだけです。

「天職」は、後付け

「自分の天職を探そう」という考え方も、非常に危険です。**天職なんて探して見つか**

るものではないからです。自分にその仕事がマッチしているかどうか、自分がその仕事を好きかどうかは、やってみないとわかりません。

ぼくは19歳のときから本を出し、今では65冊以上の本を出版しています。物書きとして自分で文章を書き、自分の考え方やノウハウを世の中に出していくことが大好きです。率直に言って、この仕事がすごく合っていると思います。天職だとも思います。

しかし、最初は自分が作家として成功するとは思ってもいなかったですし、文章を書くことは苦手で嫌いでした。小さいときは、原稿用紙1枚に読書感想文を書くのに3日もかかっていました。やっとの思いで書き上げた感想文も、ほとんどが「あらすじ」で、最後に申し訳程度に「おもしろかったです」と一文を付け加えるだけでした。本当に文章を書くのが苦手だったのです。まわりの大人からは「太一君が書いた文章は何が言いたいのかまったくわからない」と頻繁にダメ出しをされていました。でも、今では作家としてベストセラーを何冊も出せるようになっています。

一方で、ぼくはコメンテーターや解説者として、どんどんメディアに出ていきたいと思っていました。経済や時事ニュースをテレビでわかりやすく解説するポジションをもらいたいと思って、すごく頑張っていました。そういう役でテレビに出たことも何回もありました。

講演するのは得意だし、とっさに気の利いたことを話すこともできると思っていました。しかし、いざやってみると全然違ったのです。**自分では「できる」「自分に合っている」と思っていたものが、まったくできませんでした。**意見を求められても炎上を恐れ無難なことしか言えないし、アドリブが利かないし、バラエティのクイズ番組に出ても、何もおもしろいことは言えませんでした。自分の「やりたいこと」であったはずの、コメンテーター、解説者は、結果的にぼくには完全に合っていませんでした。

そういうものです。**やってみないとわからない**のです。

やってみる前から「これが天職だ」、逆に「自分には天職がない」って決めてかかるのがおかしい。天職なんて存在しません。やってみて、自分なりに苦労しつつうまくやる方法を見つけ、人からも評価されるようになる。それをあとから振り返って「これが天職だったな」と気づくだけです。

「先を見て計画をつくる」ことができない理由

「将来の目標を描きましょう」「10年後に何をしたいかビジョンを持ちましょう」とよく言われます。これも自分を枠にはめている言葉の1つです。将来の目標を描くことに何の意味があるのでしょうか？

冷静に考えると、そんな先の話、よくわからないですよね。近い将来だったらわかります。たとえば、「1週間後、何をしよう」とか、「1カ月後にここに行こう」とか、「今年の夏休みどこに行こう」とか。**せいぜい1年後ぐらいまでの近い将来の計画を立てるのはいい**と思います。

でも、「10年後の自分の姿、これを描きましょう」と言って、リアリティを持って描ける人はどれだけいるんでしょうか。仮に自分で描いたとしても、10年後は、現在と前提条件が変わっている可能性も高く、まったく意味がないと思うのです。逆に、10年前、今の状況を予想できていましたか？

スティーブ・ジョブズの言葉からも「先のことはわからない」というメッセージを受け取ります。ジョブズは、有名なスタンフォード大学での講演で、「connecting the dots」という表現で「先を見て自分の将来を描くことなんかできない」と話しています。

「将来を計画するのではなく、あとから振り返ったときに過去に経験したことが、点となり、それが線としてつながっていたことに気づくだけ」

という主旨です。

ぼくが言うのもおこがましいですが、本当にそのとおりだと感じています。ただでさえ、今後さらに環境変化が激しい時代を生きるぼくたちです。先を見据えて「これが私の生きる道」と決めたとしても、状況が変わり、自分の思いも変わります。そもそも、自分が描いたように他人が受け入れてくれるとは限りません。計画を立てたとしても、そのとおりにいくと考えるのはかなり無理があります。

自分が過去にやってきたことが経験としてつながっていて、それが今の自分をつくっています。将来に向かって計画を立てて、キャリアプランとか、キャリアパスとかかっこいい言葉を並べて考えたところで、そんなものはつくれません。

すべて「たまたま」

ぼくは富士フイルム、サイバーエージェント、リクルートを経て、2009年に独立しました。そして、それ以前に学生のときに本を執筆し、サイバーエージェントでは子会社の出版部門の事業責任者を任され、今では作家をやりながら、出版社（紙の本を出す出版社）を経営しています。作家と出版社の両方の立場を理解しているため、ぼくの出版コンサルティングは圧倒的な成果を出すことができ、すでにクライアントの累計出版点数は2000冊を超えました。

このような話をすると、

「学生時代から戦略的に行動されてきたんですね」

「会社もキャリアも計画性がすごいです！」

などと言われることがありますが、それはかなりの誤解です。

たしかに、**ぼくがやってきたことは、今から思えばすべてつながっています。**でも、それはすべて**「たまたま」**です。

学生のときに本を出版したのは、大学の友人が「木暮のレポートは長いから、もうちょっと書き足せば本になるんじゃね？」とつぶやいたからです。

ぼくがサイバーエージェントで出版部門を任されたのは、たまたまサイバーエージェントの社長の藤田さんが〝趣味〟で出版社をつくるから、やってみないかと言われたからです（ぼくは、サイバーエージェントにはインターネット広告の営業として入社しています）。「木暮は出版経験があるから、なんとなく知ってるだろう。新しい事業として出版部門を立ち上げるから、そっちをやらないか」と藤田社長からお誘いをいただいたのです。**自分で戦略的に築いてきたわけではなく、藤田さんが言ってくれたからできたこと**なんです。

また、ぼくが作家を生業にできたのは、リクルート在籍中に出した『今までで一番やさしい経済の教科書』が20万部のベストセラーになったからです。

これらはすべて、ぼくではない他の誰かが決めたものですね。仮にぼくがそう望んでいたとしても、実現できたかどうかは「他の誰か次第」だったわけです。

ただ、今振り返ってみると、**これらはすべてつながっている**ように見えます。というか、富士フイルムでの経験があるから、サイバーエージェントでその仕事ができ、サイバーエージェントでその仕事ができたから、今の仕事ができています。すべてつながっています。

今のぼくの仕事が圧倒的な成果を出せているのは、ぼくが作家であり、かつ出版社を経営しているからです。作家側の課題がわかり、かつ出版社がほしがるコンテンツがわかるから、どうすれば商業出版が実現できるかがわかるのです。これは、サイバーエージェントの藤田社長が出版業の事業責任者としてぼくを誘ってくれたからです。藤田社長が誘ってくれたのは、学生のときに友人が本を書いてみたらとつぶやいてくれたからです。

さらには、富士フイルム時代に「いろんなタスクを同時並行で進めていく」というトレーニングを受け、新規事業の立ち上げに適した素養を持っていたからです。

「やりたいことが見つからない」と悩むあなたへ

こう考えると、**これまでの仕事がすべて、今のビジネスをやるための準備だった**とも言えます。いろんな苦労がありましたが、それも「今後のための修業だ」と思えば我慢できる部分が多いものです。

「自分にはやりたいことがない」と悩む人も多くいますが、**正直、ぼくにもやりたいことはありませんでした。そのとき、そのときで、与えられたことをやってきただけ**です。その結果、それらが踏み台や実績となって、今のぼくがいます。

大事なことは、**机上で10年後の目標をつくることではなく、とにかく今（直近）、何をするか**です。現時点では、それが何につながるかはわからないけれど、やがて振り返ったときに、「あのときに、あれをやっていたから、今の自分があるんだな」と感じられるときがやってくるのです。

嫌いなものは避けなければいけない

自分の日常が「好きなもの」で満たされていたとしましょう。すごくハッピーですし、自分の人生がどんどん前進していく感覚になれます。ですが、その中に、1つでも強烈に嫌なものが入っていたら、それが足かせになってあなたの人生は止まってしまいます。

大好きな定食があっても、その中に強烈に嫌いな食べ物が1つでも入っていたら、しかもそれを絶対に食べないといけないとしたら、一気にテンションが下がるものです。好きなものを食べている間も、超絶に嫌いな食べ物が気になって、おいしく感じられません。「これも食べなきゃいけないのか……」と、常にトーンが下がり、その食事は全体として「嫌なもの」になってしまいます。

ぼくらは「好きなものがあればハッピー」と感じ、好きなものを探そうとしています。ですが同時に、**嫌いなものを避けなければ、結果として望む状態にはなりません。**

「好きなものばっかり食べられると思うなよ」とか、「それぱっかり食べてたら、後々大変なことが起こるぞ」とか、ぼくらは小さいころから「全部食べなさい、さもないと……」という脅しを受けてきました。その結果として、**嫌なものを避けることは悪いこと、ワガママなこと、その状況から逃げていることだと考えるようになっています。**

でも、本当にそうなのでしょうか？

「食わず嫌いはもったいいない」というのはわかりますが、嫌いなものを食べ続けたところで好きになるとは思えませんし、もし栄養面で健康に害がありそうなら、他の食材で補うことを検討すべきです。

ぼくらの人生でも同じです。**ぼくらは、自分が強くストレスを覚えていることを避けなければいけません。**「逃げてはいけない」「これも乗り越えなきゃ」「経験のうちだ」と言われます。たしかに、乗り越えて「強烈に嫌なこと」が「好きなこと」に変われればいいかもしれません。でも確率はあまり高くなさそうです。

そして何より、**そこではない別の道を選ぶこともできるのに、なぜわざわざその強烈に嫌いなものに向き合わなければいけないのかがわかりません。**

自分が強くストレスを覚えていることがずっとあったら、いくら年収が高くなっても、いくら自分のポジションが上がっても、おそらく状況は何も変わりませんし、自分の人生が動いている感じはしないでしょう。

全体的にハッピーでも、強烈に嫌なことが1個でもあると、やっぱりそれが心に引っかかり、ストレスを感じ続けてしまいます。

現在の環境で、その**「強烈に嫌なこと」をなくせるように工夫してみて、それでもなくならないなら環境自体を変えるのも選択肢の1つ**です。

第2章

自分が望んでいるものを「言語化」する

いくら考えても、「やりたいこと」なんて見つからない

繰り返しますが、ぼくには「やりたいこと」なんてありませんでした。やってみたら楽しかったことはたくさんあります。でも、頭で考えて「何がやりたいことなんだろうか?」と探しても、全然出てきませんでした。

多くの自己啓発書を読むと、「自分がやりたいことを見つけよう」「ゴールを明確にしよう」とあります。

でも、それでも難しいのです。なぜなら、そもそも**「何を考えればゴールが出てくるか?」がわからないから**です。

マラソンだったらゴール地点が明確に示されるので、そこまで走っていけばいいとわかります。ですが、これは、言ってみれば「答えを与えられたレース」です。

一方、ぼくらの人生は、自分でゴールを設定しなければいけません。自分で「ここに行きたい」「こうなりたい」というものを定義して、そこに向かっていくわけです。

それがどこにあるか、近いか遠いかは関係がありません。自分が行きたい場所を自分で決めて、そこに向かって一歩ずつ前に進んでいくのです。

ぼくらが考えている「ゴール」は、本当に欲しているものではない!?

自己分析をしたり、いろんなワークをやって、自分の「ゴール」を見つけた人もいるかもしれません。

でも実は、それは**「自分が本当に欲しているもの」ではなくて、「社会から与えられたもの」のケースが非常に多い**のです。自分としては「これが自分のやりたいことだ」と考えたとしても、「これまでの社会生活の中でそう思わされているだけ」というケースがあるわけです。

医者の家系に生まれた人は、割と医者になる人が多いものです。そして「自分はこういう医者になるのが目標」と定めるかもしれません。

しかしそもそも、「医者になる」というのは、環境から指定されたようなものですよね。そもそも**制限された目線で「その世界の中」で選んでいるだけ**です。

また、「年収1000万円を目指す」。これがひとまずの自分のゴールだと設定する人もいます。年収1000万円になれば、経済的にかなり余裕が生まれ、行きたいところにも行けるし、やりたいこともどんどんやれるという考えなのかもしれません。ただし残念ながら、年収1000万円はそれほど「お金持ち」ではありません。高級ホテルに泊まったり、年に数回海外旅行に行ったり、高級なレストランで食事をしたり、いわゆる贅沢な生活をするためには、少なくとも年収3000万円程度は必要です。つまりは、**みんな「年収1000万円」の状態を知っていて目指しているわけではない**のです。

ではなぜ、みんな「年収1000万円」と連呼するのか？

それは、世の中で年収1000万円が1つの目標であるかのように言われているからです。これを目指している人の多くは、年収1000万円がどんなもので、なぜそれを目指したいのか、自分でもよくわかっていません。

つまり、**「自分が本当に望んでいるわけではないゴール」**なのです。

年収1000万円がいけないのではなくて、**自分が望んでいないものをゴールだと**

**その目標、本当に自分が望んでいるもの？
世間やまわりが決めたものかもよ!?**

★医者になる

親や家族から言われているだけじゃない？　本当に自分でなりたいと思ってる？

★年収1000万円を目指す

世間一般でなんとなく言われている数字を掲げてるだけじゃない？　金額を気にせずに買い物や海外旅行に行きたいなら、年収3000万円は必要。

★いい学校・いい会社に入る

そもそも「いい」の基準って何？　自分にとっての「いい」って何？　親やまわり、世間が決めたもので、自分に「いい」かどうかは不明。

錯覚していることがいけないのです。

同じように、「いい会社に入る」「いい大学」に入ることを目標としている人もいます。でも、**その会社が「いい会社」かどうかは、その大学が「いい大学」かどうかは、だいたい世間が決めているもの。**自分がほれ込んで「いい会社」「いい大学」と言っているのではなく、世の中でそう言われているだけですよね。となると当然、そこに入りたいと感じるのは、自分の本音からくる感情ではありません。本当に自分が欲しているものではないわけです。

「やりたいこと」を壮大に考えすぎかも

やりたいことは思いつきません。しかし、だからと言って、「生きる楽しみも持ってない」「目標もやる気もない」というわけではありません。

「最近の人は、目標すら持っていない」

と強くダメ出しされることもありますが、果たしてそうなのでしょうか？

本当に何もやりたいことがないのでしょうか？

ぼくは違うと考えています。

「やりたいことがない」のではなく、「やりたいことは何?」という質問がいけないだけです。その質問だと、自分の中にあるやりたいことを言語化できません。

突然ですが、あなたの好きな食べ物は何ですか?

ラーメン、カレー、ハンバーグ、唐揚げなど、いろんなものが出てきそうですし、「好きな食べ物は?」と聞かれて答えられない人はほぼいません。ほとんどの人が答えられます。好きなものを言えるし、それを食べたいと思いますよね。

ですが、だからと言ってそれしか食べられないとしたら「それは嫌だ」と答えるのではないでしょうか。好きなものとはいえ、一生それだけを選んでください、そこにコミットしてくださいと言われたら、やっぱり困ってしまいます。食べたいとは言ったけど、一生それでいいわけではありません。「今日はハンバーグを食べたくなった」くらいで、今日はそれを食べたいと言っているにすぎません。

自分のゴールもそれと同じです。

ぼくらが明確にしなければいけない「やりたいこと」とは、実は「ちょっとやってみ

たいこと」に近いのです。「やりたいことは?」と聞かれるとどうしても、一生をかけて向き合い続けるような壮大なものを答えなければいけないと勘違いしてしまいます。「初志貫徹」という言葉も頭をよぎるので、「一度決めたらあとで変えてはいけない」「これだけに一生を費やさなければいけない」と感じてしまうのでしょう。

でも、本当はそうじゃなくてもいい。**壮大な人生の目的のようなものではなく、一生かけてコミットすることでもなく、「ちょっとやってみたい、一度やってみたい」という内容でいい**のです。

「やりたいこと」の選択肢は、すでに持っている

たとえば、「ハワイでちょっと暮らしたい」と思っている人は割と多くいます。特に期間を決めているわけではないけれど、短期間の旅行ではなく、生活をしてみたいと口にする人はいます。やりたいこととして、しっかり「ハワイに住んでみたい」と明確にしています。

でも、そんなことは「やりたいこと」として答えてはいけないと感じています。

「ハワイに住みたいと言っても、『アメリカに帰化してずっとハワイに住む』『日本には戻ってこない』という覚悟で言っているわけではないしなぁ」と考えてしまいます。また、「自分がハワイに住んだところで、誰にでもいい影響を与えられるわけでもないし、社会が良くなるわけでもないし、自分の存在意義は打ち出せないしなぁ。だからこれじゃないや」と考えて、「やりたいことはまだ見つかっていません」と答えてしまうのです。

本当はいろいろ興味があるし、実現させたいことは、みんな持っているんです。でも「これではない」と切り捨ててしまっている。だから「何もない」のです。

「やりたいこと」ではなく「ちょっとやってみたいこと」に目を向けてください。それこそが、あなたが今後フルコミットする可能性のある選択肢です。

ビジネスでも最初からすべて「ゴール」を決めて、計画どおりに進められるわけではありません。サブで考えていたビジネスが予想外にヒットするかもしれませんし、メイン事業が全然うまくいかないこともあります。ビジネスではみんなその場その場で作戦を変えながら生き残っていきます。適当に考えているわけではないですが、「一生変えない」と考えているわけではありません。

ぼくらの人生も同じです。**最初から決め切る必要はなく、「ちょっとやってみて、興味がさらに湧いたらもっとやってみる。明日もやってみる」という感覚で進める**ほうがスムーズです。

「そんな軽いノリでいいのか？」と反発されそうですが、逆に言えば、**やってみなければわからない**ですよね。

いろいろやる前から「フルコミットできる『やりたいこと』を見つけられる」と考えるほうがおかしい。ぼくはそう感じています。

何も制限がなかったら、やりたいことは見つけられるのか？

自分のゴールを見つけるときに、**「何も制限がなかったら何をしたい？」と自問するのも、ほぼ意味がありません。**というのは、すべての制限を取っ払って考えたつもりでも、無意識に制限をかけているからです。どれだけ自由に考えたつもりでも、しょせんはこれまで自分が生きてきた「制限された考え方」で描く理想です。制限された現時点からしか考えることはできません。

以前、この「何も制限がなかったら?」という質問をぼくの講演会で問いかけたところ、「毎朝の通勤が本当に苦痛で。何の制限もなかったら、昼まで寝て、ゆっくり食事をしてから出社したい。それが理想です」と回答した人がいました。

本人は理想を掲げたつもりでしょうが、まだ会社に出社することを前提として考えているわけです。

「理想は、いい会社に就職して、一生安定した給料をもらうことです」というフレーズが出てきたこともありました。なぜサラリーマンで働き続けることが前提なのでしょうか? それはこれまでの自分で考えているからですね。サラリーマンじゃない働き方も十分あり得るし、さらには「働かない」ということも選択肢にあっていいはずです。

本人は制限をなくして考えたつもりでも、知らず知らずのうちにこれまでのことを前提として考えているのです。

ぼくらはなかなか「理想の状態」を描くことができません。まだ経験していないからです。経験していないことを掲げてゴールとして捉えろと言われても、実際にはできないのです。だから、「何も制限なく理想の状態を描け」と言われても、結局できません。

ぼくらが本当にやりたいことは、「失敗体験」からわかる

ではどうすればいいのか?

自分のやりたいことを見つけるために大事なのは、「過去の失敗体験」です。自分がかつて失敗し、悔しい思いをした経験、嫌な思いをしたことに目を向けてください。

そこから自分がやりたいこと（やってみたいこと）を見つけることができます。

成果を出したかったのに失敗したものは、ほぼ確実に「自分がやりたいこと、やってみたいこと」です。人生の一大勝負から、日々の細々とした挑戦まで規模感はいろいろあるでしょうが、「やりたくて失敗した」という時点で「やりたかったこと」なわけです。それができるようになるだけで、1つクリアされますよね。

「失敗体験」という言葉は、あんまりポジティブなイメージで使われません。むしろ「成功体験を積ませる」「過去に成功したことを思い出す」というようなことが推奨されます。

ただ、**成功体験は単なる結果論かもしれません**よね。たまたま成功しちゃった、もしくは成功した理由が自分でもよくわかっていないこともあります。たまたま営業成績は上がった、たまたま褒められたことがあります。それを思い出して「だから次回もできる」と思えるでしょうか?

また、そもそも論として、自分が狙っていなかった結果ならば、自分のゴールではないですよね。たまたま飛び込みで営業に行ったら、ものすごい大型案件が受注できたとします。でも、そもそも狙ってやった行動ではないし、特に営業をやりたいわけでもないし、次回も同じことをやれと言われてもできないし、という感じでしょう。

「成功体験を積み上げたら、それが得意になる、やりたいことになっていく」と感じるのは、かなりの誤解だと思います。

一方、**失敗体験は、そのゴールを狙って失敗した経験**です。つまり「やりたかった」というあなたの意志があるテーマです。ここにこそ、あなたがやってみたいことが存在します。

自分がやってみたいと思っていないテーマ（どうでもいいテーマ）は、結果を出せなくてもまったく気にしませんよね。それは「失敗体験」とは感じないはずです。

たとえば、ぼくはゴルフがそんなに得意でもないし、そんなに好きでもありません。コンペに誘われて行くこともありますが、そもそもゴルフがうまくないし、そんなにうまくなろうともしていないので、当然良いスコアを出すことはできません。コンペに出ると、いつもだいたいビリかブービー賞です。

これは、ぼくの失敗体験ではありません。なぜなら、ぼくはゴルフをうまくなろうとしていないからです。ゴルフができるようになれば、ビジネスで相当有利になる、などと言われることがありますが、ぼくは特に気にしていません。ゴルフをやるメリットは理解していますが、ぼく自身がそれほど興味を持っていないので、友人とスコアをカウントしないで回るくらいがちょうどいいのです。

「失敗体験を考える」ということは、実は「自分がやりたかったことをストレートに考える」ということです。**うまくできなくて悔しかったことは、それがそのまま「あな**

「成功体験」はたまたま、
「失敗体験」は本気が隠れている

成功体験

それが成功したのは、たまたまかもしれない。その成功体験を積んでも、それが得意になる、やりたいことになっていくとは限らない。

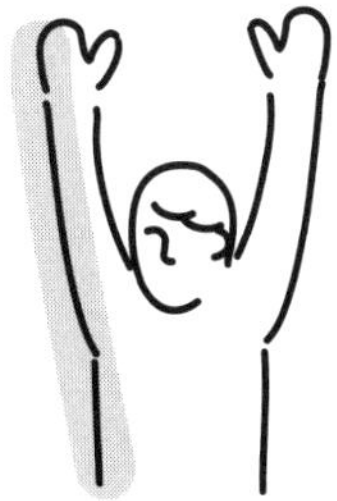

失敗体験

失敗して悔しいのは、自分がやりたいこと、やってみたいことだったから。「やる前に、それなりの成果を狙っていた」から。

本当にやりたいことは、
「成功体験」より「失敗体験」から見つかる！

たがやりたいと思っていること」ですよね。

そこを「(ひとまずの)ゴール」として設定できるわけです。これももしかしたら、すぐ飽きるかもしれません。できてしまったら興味をなくすこともあります。でもだとしても、手を付けてみる価値はあります。

「できなくて悔しかったこと」にいくつも手を付けてみましょう。

もしできるようになって、もっともっとやってみたいと思えるものがあったら、それがいずれあなたのライフワークになるかもしれません。

ポイントは、一般的に「これくらいはできないといけない」という点を無視することです。

「英語がしゃべれないといけない」「数字に強くないといけない」「コミュニケーション力が高くないといけない」など、いろんなことが言われます。しかし、それは世の中で一般的に言われているだけです。

もしあなたが「英語が話せなくて悔しい」と感じないとしたら、それは今のあなたがやりたいことではありません。やがて気持ちが変わるかもしれませんが、少なくとも今のあなたが手を付けることではありません。世の中がどういうかも関係ありません。あなたの失敗体験に目を向けましょう。

人目や社会を気にしすぎて、押し殺してきた欲求

もう1つ、ぼくらの本当のゴールを見つける視点があります。それが「人に言えなかった願望」です。

これまで、**ぼくらは人目を気にして生きてきました**。多かれ少なかれ、日本人にはその傾向があります。普段の行動だけでなく、自分の目標や夢さえも他人や世間が好むものになっていた人は多いのではないでしょうか？

学歴を求めるのは、人目を気にしている考え方の典型例ですし、ブランドがある地名（東京の港区、横浜、芦屋など）に住みたいと感じるのも、少なからず人目を意識している部分がありそうです。さらには、最近の調査では、子供たちのなりたい職業で「公務員」というワードが出ているそうです。公務員はどちらかと言えば雇用形態ですね。仕事の内容は何も表していないのに、「将来の夢は公務員」と答えるというこ

とは、おそらくは親や周囲の大人の影響でしょう。

ぼくらは、知らない間に目標すら誘導されてしまっています。と同時に、周囲が求めないものはゴールとして提示できなくなっています。自分が興味のあるものであっても、「こんなこと言うと、友達から後ろ指を差されてしまうかも」「家族に反対されるかも」と思えば、それを口にすることはできません。口にしたとたん猛反対をくらい、ひどいときには人格否定までされ、延々と説教をされるかもしれないと感じます。

となると、そういう**「周囲が求めないゴール」は目指さなくなります。**自分の中で「やりたいけれど、人に言えない、相談できない」と押し殺してしまうわけです。

ぼくらの中にそうした**押し殺してきた欲求**があります。

他人からバカにされそうと思って言わずにあきらめたことがあります。そもそもんなことを目指しちゃいけないと思って選択肢から外した夢があります。

それらが、ぼくらが人目を気にせず、本心からやりたいと感じていることです。

受験戦争に勝ち残り、一流企業に勤め、出世競争にも勝ったのに、幸福感を抱いていない人は大勢います。それは受験・就職・出世は、本来自分がやりたかったことではないからです。

でもここで「バックパッカーになって、死ぬまで世界を旅したい」と言うと、周囲から猛反対を受けるし、バカにされるかもしれないと思って言わなかったのです。そこにこそ、まだ目を向けていない本当の自分のゴールがあります。

人に言えなかった「願望」に目を向ける

なぜ、これまで人に言えなかった願望が大事なのか？

その理由は、その願望にあなたがこれまで本気で向き合ってこなかったからです。正確に言うと、**本気で向き合うことができなかった**からです。そして、**その願望を実現させるために何も努力をしてこなかった（できなかった）**からです。要は、「手つかずの願望」なのです。

みんなが臆せず人に言える願望、いわゆる一般的な願望は、すでにあなた自身も目標とすることができ、これまでそれに向けて努力をすることができました。すでにいろんな成果を得ていることでしょう。

たまにおいしいものを食べ、冷暖房がきいた部屋にいて、スマホゲームもいつでもできます。

にもかかわらず、あなたは自分の人生に物足りなさを抱いています。それらの願望は満たされているのに、まだ自分の人生は止まったまま。その原因は、これまで人に言えなかった、内に秘めた願望が叶っていないからではないでしょうか？

その欲求が叶えられていないから、自分の人生が動き出していないように見えるのです。

本当は友達をつくらずに、自分1人で世界をソロキャンプして旅をしたいのかもしれません。あなたがそれをしても別に誰かに迷惑をかけるわけではありません。悪いことではないはずです。しかし、「友達なんかいらないから、1人で旅に出たい」と口にしてしまうと、その時点でまわりから拒絶されてしまいそうです。「もっとまじめに将来のことを考えろ」と説教されてしまうかもしれないし、「友達がいらないって、お前の考え方、ヤバくない？」と言われてしまうかもしれません。

世界ソロキャンプ旅でなくても、自分の時間をもっと大事にしたいと言えずにいる人は多くいます。友人から飲みに誘われて、「予定はないけど1人で飲みたいから行かない」と言える人は割と少数派です。

「断れずにいること」があるる人は、そこを「ゴール」として考えてみてください。壮大なビジョンじゃなくていいのです。自分の人生を動かすためには、これまで人に言えずに押し殺してきた願望を実現させることが大きくプラスになります。

人に言えなかった願望は、嫌っているものに潜んでいる

以前、外でご飯を食べてたら、隣の女子2人組が「なぜ私たちには白馬の王子様が来ないのか」に関して話をしていました。その会話がかなり興味深かったので、ちょっと考えてみたのです（すみません、隣の席だったから、全部聞こえてしまったのです）。

「なんで私たちには、イケメンで、金持ちで、やさしい男が来ないのかねぇ〜」という、なかなか哲学的な問いから始まり、自分たちの容姿を分析しています。

ぼくが言うのもおこがましいですが、普通に「きれいな人」だと思いました。ただ、次のような発言が気になりました。

「この前、イケメンの金持ちっぽい人が声かけてきたけど、騙《だま》されてるかと思って、スルーしちゃった」

なるほど、だからこの2人には「白馬の王子様」が来ないんだなと感じたのです。その「イケメンの金持ち」がどんな人かはわかりません。しかし「イケメンの金持ち」に出会いたいと願いつつ、同時に「イケメンの金持ちは私を騙す」と思っていそうなのです。もしそうだったら、絶対に出会うことはありません。出会っても、スルーしちゃうわけですから。

多くの人が、ほしいものがありつつも、実はそれを避けています。お金持ちになりたいと思いつつ、お金持ちに悪いイメージを持っています。仕事で成功したいと思いながら、マネージャーや経営者を嫌っています。もしそうだとしたら、望みつつも忌み嫌うという、相反する感情を抱くことになり、絶対にその状態になることができません。アクセルを踏みながら、同時にブレーキを踏んでいる状態ですからね。

「相反する感情」の発生メカニズム

でも、なぜこんな矛盾したことを考えるのでしょうか？
この相反する感情は、もともとは**妬**《ねた》**み**からスタートしています。つまり、こういうことです。

「自分は○○になりたい！」
←「自分より先に、あの人が○○になっちゃった！」
←「うらやましい！　くやしい！！！」
←「なんだよ、あいつ！　っていうか、○○の人って、実は嫌な奴多いよな～」

このような流れで、自分が憧《あこが》れていたその「○○」に悪いイメージを持ち始めてしまう。本当はすごくほしいのに、「あんな奴と一緒にされたくない」と表面的に嫌ってしまう。だから、本当にほしいものを手に入れられないし、手に入れる努力すらできなくなってしまうのです。

自分が望んでいることなのに、悔しさのあまり、それを遠ざけるようになってしまうのは、本末転倒です。

しかし、このような感情を抱くことはかなり多そうです。お金持ちを嫌う人が多いことを考えても、いわゆる「あるある」のケースだと思います。

でも逆に言えば、そこに自分の本当に望んでいることが潜んでいるわけです。**自分が嫌っていることに目を向けて、冷静に「本当は自分もほしいのでは?」と自問してみてください。**

もしその答えがYESなら、それが自分が望んでいること、やりたいことだと言えます。

「自分の本心」を見つける方法

自分が本当に望んでいるものは、嫉妬《しっと》や嫌悪感で覆われていて、自ら避けていることがあります。やがて、それを望んでいることすら自分で気づかなくなってしまいます。

では、これを再度見つけるために、何をしなければいけないか？

突然、「あなたが今まで言えなかった欲求は何ですか？」と問いかけられても、ほとんどの人は答えられません。これまで言えなかった欲求（言ってはいけないと思ってきた欲求）なので、いきなりは答えられないのです。

では、どうすればいいのか？

これまで蓋をしてきた自分の本当の欲求を、自分で見つけなければいけません。そのときに、自分の頭の中で考えても、あまり意味はありません。そもそも自分の中には、「そんな欲求に目を向けてはいけない」という感情がありますからね。

それを見つけるためには、**他人を見る**ことです。他人を見ることで、自分が本当にやりたいことに気づいていけます。

どういうことか、具体的に説明します。

①まず、世の中で嫌われている人を挙げる

犯罪者ではなく、ただ単に嫌われている人を思い浮かべてください。叩かれている人、炎上している人などです。

②その人がなぜ嫌われているのかを理由を考えて書き出す

たとえば、「偉そうにしているから」「年上の人たちに対して意見を言うから」「いろんな人と同時に恋愛をしているから」「ただ単にお金持ちだから」など、いろんな理由を思いつきますね。できるだけリストアップしてください。

③②でリストアップした中で、実は自分がほしいものを探す

そこに「実は自分がやりたかったもの」があります。

あの人が嫌いな理由の裏に隠れている本心

たとえば、起業家でも叩かれている人がいます。「ビッグマウス、生意気だ」と世の中から非難されています。ビッグマウスは、基本的には日本の社会の中では嫌われる傾向にありますが、ビッグマウス自体が誰かを傷つけているわけでもないし、悪い

自分の本心は、「嫌いな人」に隠れている

自分の本心を見つける、最適な方法

①世の中で嫌われている人を挙げる。できれば、あなたも嫌いな人がベスト。

②その人がなぜ嫌われているのかを理由を考えて書き出す。

③②でリストアップした中で、自分が実はほしい(やりたかった)ものを探す。

あの人が嫌いなのは、うらやましいから。
自分も「それがほしい(やりたい)」と認めよう!

わけではないですよね。あまり好きじゃないと感じる人もいるかもしれませんが、もし嫌いだったら聞かなければいいだけです。その人のSNSを見なければいいし、メディアに出ているのであれば、見なければいいだけです。知り合いでそういう人がいたら、距離を置いて会わないようにするはずですね。

でも実際には、見ないようにするどころか、自ら探して見に行きます。あえてその人のYouTubeを見たり、Xでその人について話題にしたりします。

なぜか?

本当はうらやましいからです。自分の意見をズバズバ言う人を見ると、うらやましいんです。本当は自分も思っていることを他の人に率直に伝えたいと思っています。でも、怖くてできません。他人の気持ちに配慮すると言えなくなってしまいます。でも、その人はズバズバ言っている。

自分はなかなか言いたいことが言えないのに、その人はなんの「配慮」もせずにどんどん発信しています。「何なんだ、あいつは！（自分も発信したくてもできずにいるのに！）」と腹立たしく感じます。というか、嫉妬します。だから、ネットで叩くわけです。

ネットで叩いたり、腹立たしい気持ちを抱くことは構いません。そう感じるのも理解できますので、その感情はそのままにしておいてください。

ただ、ここでいったん冷静になってみましょう。本当は、それがうらやましいのであれば、それを自分も手に入れるというのも悪くないですよね。

世の中で嫌われている人たちは、少なからずみんながうらやましがる要素を持っています。だから、みんなが嫉妬して嫌うわけです。

大事なのは、「自分もそれがほしい」と認めることです。

嫉妬感情があるので、なかなか認められないケースが多いでしょう。でも、認めてください。認めれば、本当にほしかったものに目を向けることができます。

『スラムダンク』三井寿の本心

漫画『スラムダンク』で、湘北高校の三井寿《ひさし》は、本当はバスケをやりたくて仕方がなかったのに、表面的に毛嫌いしていました。そうなってしまったのは、自分もバスケをやって活躍したいのに、ケガでできなくなってしまった。そんなときに同学年のメンバーがどんどん成長して活躍していくのを目の当たりにしました。

①バスケ大好き。

←

②でも、ケガでバスケができなくなった。

←

③バスケで活躍している同期を見てうらやましく、バスケができず悔しくなっていった。

←

④「バスケなんてくだらねぇ!」と言い、表面的にはバスケができない自分を正当化していた。

←

⑤でも、本当はバスケがしたかった。その気持ちがあふれて、泣きながら「安西先生、バスケがしたいです……」と吐露する。

『スラムダンク』を愛読した方であれば、誰でもあのシーンは覚えているでしょう。もし、体育館であのケンカが起きなければ、あの場に安西先生が来なければ、三井寿はずっと自分の本心と相反する気持ちを持ち続け、バスケを遠ざけていたでしょう。**ほしい結果を遠ざけているのは、実は、自分の嫉妬心かもしれません。**この妬みの感情がなくなれば、自分が求めているものにだいぶたどり着きやすくなります。

ムカつく感情はそのままで、「それは自分がほしいもの」と認める

ここに目を向けてください。「ムカつく」「嫌い」「あいつはニセモノ」と感じるその感情を否定しなくてもいいのです。そのムカつく感情を持ち続けていても構いません。

でも、その人たちに嫌悪感を抱くのは、

「自分がその要素をほしいからでは?」「自分が目指したい理想では?」

といったん冷静に考えてみてください。必ずそのポイントはあります。
それを見つけたら、誰にも言わず、紙に書きましょう。

「お金持ちになりたい」
「世の中から注目されたい」
「モテたい」
「仕事なんてしたくない」

などなど、法に触れるもの、誰かを傷つけるもの以外であれば、何でも構いません。
ここで大事なのが、**「いちいち否定しない」**ことです。これまで目を向けてこなかった願望ですし、自分が嫌っている人と同じになる感覚があって、表面的には否定したくなります。ですが、ここにこそ、ぼくらが**これまで封じ込めてきた本当に目指したいゴール**があります。

あの人が「ムカつく」のは、
あの人が「自分がほしいもの」を持っているから

「ムカつく」人の特徴

（例）
◎会社を複数社経営しているが、現場は部下に丸投げで、ラクしてそう。
◎相手が誰であろうと忖度なく、言いたいことを言って、正直ウザい。
◎異性からモテているのは、カネがあるからでしょ？　単なる遊び人だろ。
◎SNSで日常のリッチぶりを自慢している、嫌なヤツ。

これらをすべて裏返すと……

自分がほしい
（やりたい・なりたい）もの!?

（例）
◎会社を複数社経営して稼いで、経済的自由を手に入れたい。
◎自分の意見、思っていることを正直に言いたい。
◎異性から（もっと）モテたい。
◎SNSでリッチな日常を発信して、人の注目を集めたい。

あえて「世の中的に悪いもの」に目を向けてみる

同じように、世の中で「善しとされていないもの」、「むしろ嫌悪されているもの」の中に、自分が本当はほしいと思っているものがあるかもしれません。**それを認識し、受け入れることが重要**です。

たとえば、世間的には批判されがちな「自己中心的な生き方」。自己チューに生きている人を見ると嫌悪感を抱きますし、特に日本社会ではまわりと違うことは善しとされません。

でも、実は「自分の思うように生きたい」と思っている人もいるでしょう。仮に世間から多少疎《うと》まれても、自分がやりたいようにしたい人もいると思います。

「午前中は眠いので、ずっと寝ていたい」と思う人もいるでしょうし、「毎日昼からお酒を飲みたい」という願望もありです。

でも、そういう願望は、一般的にはなかなか受け入れられにくいものです。これらは、社会的には否定的に捉えられがちですが、個人の幸福にとっては重要な要素かもしれません。

大切なのは、そういった**自分の本当の欲求を認識し、それを恥じることなく受け入れること**です。

もちろん、他人を傷つけたり、法律に触れたりするようなことはNGです。しかし、単に「社会の価値観に合わない」というだけの理由で自分の欲求を否定する必要はありません。

自分の本当の欲求を見つけ、それを受け入れることで、初めて本当の自分のゴールが見つかります。それが、あなたの人生を動かすために必要です。

これまで時間とお金を使ってきたものが、あなたの人生を動かす

「自分がやりたいことがなかなか見えてこない」

「やってみたいことは？　と言われても何も浮かばない」

そんなときは、これまで自分が時間とお金を使ってきたことに目を向けてみてくだ

さい。強制されてやらされてきたことではなく、**ついつい長時間やってしまったこと**や、**ついつい買ってしまうもの**を思い出してください。

自分のやりたいことを探るとき、「自分は何が好きか、何をやりたいか、何に向いているか」などに思いを巡らせることが多いかもしれません。

しかし、率直に言って、**未来のことよりも、過去に何をしてきたか**のほうが圧倒的に重要です。そのほうが自分を見つけやすいのです。

自分の将来の理想像を今思い描いたとしても、実際にやってみたらイメージと違った、なんてことはよくあります。まだ社会に出ていない就活生が「私は将来こんなことをやりたい、こんな仕事に就きたい、ここでこんな仕事をしたい」と語っても、聞いているほうは、そこまで本気に受け取らないでしょう。その就活生が嘘をついているということではなく、まだやったことがないので、これからどんどん変わるだろうと思われているのです。自分が目指しているものを一生懸命に語っても、他人はおろか、自分ですらも本気になって考えられないケースがかなり多くあります。

であれば、**今までそれに対して自分の資源を使ってきたかで、自分の本気具合を計ったほうがいい。**

自分が持っている資源とは、「時間」と「お金」です。「大事にしてきた」などの感情はいくらでも言えますし、自分の中でどれくらい大事してきたのか測ることはできません。それに対し、時間とお金という資源は有限で、使えばなくなってしまいます。この「使うとなくなってしまう資源」をどれだけ振り向けてきたかで、自分の本気具合（本当に好きかどうか）がわかるわけです。

基準は、「仕事になるか、稼げるか」ではなく、コレで考える

「ついついやってしまう」も含めて、時間とお金を使ってきたことが、あなたが一番心地いい状態になれるもののはずです。

ついついスマホゲームをやってしまうでも、ついついフィギュアを買って集めてしまうでも構いません。

大事なのは、**「それが仕事になるか・お金を稼げるのか」という視点ではなく、まず**

は**「自分がノンストレスでいられるもの、心地いい場所を探すこと」**です。

もしかしたら、これまでそのようなものを否定してきたかもしれません。「スマホゲームは好きだけど、これを『好きなもの』として考えてはいけない」など、否定的な考えがあったかもしれません。

ただ、まずは「使えるかどうか」ではなく、**「自分がやってみたい」ことを探さなければいけません。**お金を稼げなくてもいいのです。

たとえば、スマホゲームに時間を使ってきた、お金を使ってきたとします。そこにあなたの心地いい要素があるから、スマホゲームをしているわけですよね。

たとえば、「1人の時間が好きだから」「リアル社会の自分とは別人格で言いたいことを言えるから」、もしくは、単純に「結果を求められないから」かもしれません。

また、同じような要素を持っているものは、ストレスなく、心地よくできる可能性があります。日常的に誰かとかかわることはなく、自分の実力以上の結果を求められることなく、ゆっくりやることができる仕事があるかもしれません。

たとえば、外注で受けて、やった分だけお金をもらうような仕事もあります。さらには、リアル社会の自分とは違う本当の自分を出したいのであれば、単純に転職をして環境を変えるだけでいいかもしれませんね。

「そんな仕事ではお金が稼げない、将来が不安だ」と考えるのは、今はやめましょう。

繰り返しですが、あなたの人生を動かすためには「やってみたいこと」を明確にしなければいけません。今現在、その「やってみたいこと」がないのであれば、そこから掘り起こす必要があります。ひとまず**自分が何にストレスを溜めていないかを明らかにするための練習**ですから。まずはそこに目を向けていきましょう。

近い将来の「ちょっと楽しみなこと」が、ぼくらの人生を動かす

次は、**「自分が今週楽しみにしていること」**に目を向けてみます。

今週、楽しみに感じていることやイベントを、3つつくってください。楽しみなことなんて何もない、家に帰って缶ビールを飲むことくらいだと思うかもしれません。そんな方も3つつくってください。**楽しみなことを思い出そうとするのではなく、多少強引にでもこれからつくることが大事**です。

仕事があんまり好きではない、というか非常にストレスが溜まって毎日毎日嫌だなと感じている人もいらっしゃるかもしれません。ぼく自身もサラリーマンは性に合わなかったので、毎日会社に行くことがとても苦痛でした。でもその環境でも、強引に**「今週楽しみなこと」を3つつくってみましょう。**

何でもいいんです。飲み会に行くでもいい、金曜の夜にこういう映画を見に行くでもいい。Netflixで好きなドラマを見るでもOKです。楽しみなことを3つつくるのです。その**「ちょっと楽しみなこと」があなたの人生を動かすきっかけになります。**

「人間が幸福感を得る」メカニズム

マインドフルネスでは「今」に集中せよと言われます。将来のことを考えるからいろんなことを不安に感じる、その結果、幸福感がなくなる、だから「今」に集中しなさいと言われます。でも、ここでは少し違う見方をしてみます。

以前、バリ島に行きました。バリ島のウブドというエリアです。リゾート地として有名で、高級リゾートホテルが並んでいて非常に雰囲気が良い、本当に素敵な場所でした。ただ、その高級ホテルから車で数分行くと、かなりの貧困エリアがあります。ぼくがウブドを訪れたとき、そのエリアに食事をしに行ったのです。明らかにお金に苦労している人たちがたくさんいて、子供たちもほぼ裸の状態で、路上で、裸足で遊んでいました。

そのエリアに住んでいる人たちは、ほとんど間違いなく裕福な生活はしていません。しかし、みんな幸せそうなのです。子供たちは本当に楽しそうに遊んでいますし、笑顔にあふれています。

そこで、近くにいる大人にそれとなく、なぜみんなこんなに幸せそうなのかと聞いてみました。その答えは**「明日は今日よりも良くなるから」**でした。非常にシンプルな答えですが、とても本質的なことを教えてもらった気がします。

ぼくらは、仮に宝くじで数億円が当たったとしても、幸せにはなれないと言われています。一夜にして大金を手にしたいと思っている人たちはたくさんいますが、実際に手にしてみると、その興奮、高揚感、幸福感はすぐに慣れとともに消えてしまいます。

ぼくらはいったん手にしたものに対して、幸福感を持ち続けることが難しく、すぐにその状態が「当たり前」になってしまいます。

一方で、**「今日より明日、明日より明後日とどんどん生活が改善される」**と知っていたら、毎日毎日新鮮な幸福感を得られるわけです。実際に、このウブド周辺のエリアでは、それほど生活環境が改善しているようには見えませんでした。

しかし、本人たちが「どんどん改善している」と思っていれば、それだけでも幸福感は得られるということです。

これと同じことです。

ほんの些細《ささい》な出来事だったとしても、今週楽しみなことをつくることで、「たとえ今日は平凡だったとしても、明日は○○があるから楽しみだ」と思うようになります。

これをやっていくと、自然に自分が「ちょっとやってみたいこと」を描けるようになります。

島田紳助さんが語る、人生を平凡に過ごさない秘訣

以前、テレビで「大人になったら、時間が経つのが早い」という話題でトークをしていました。そのときに、島田紳助さんが発した言葉をいまだに覚えています。

「子供のとき、時間が経つのが遅かったやろ？　でも今は早いやろ？　あれ、なんでかわかるか？」

とみんなに問いかけていました。

島田紳助さんの答えは、**「待つからや」**でした。

子供のとき、遠足が楽しみで仕方がなかった。でも、なかなか遠足の日はやって来ない。それは「待ってるから」ということです。クリスマスが楽しみ、自分の誕生日が楽しみ。だけど、なかなかその日が来ない。なぜか？「待っているから」です。

大人になってからは、ぼくらは何か楽しみにして心待ちにすることがほとんどなくなっています。その結果として、時間がものすごい早いスピードで過ぎ去っていく、ということです。

実際にこの理論が正しいかどうかは問題ではありません。大事なのは、**大人になるにつれて楽しみなことがなくなっている**ということです。そして、**意図的に楽しみなことをつくることも、ほとんどしていない**ということです。

自分が何を考えるかによって、今の状態が変わる——。

将来、楽しいことが控えていれば、楽しみなことがあれば、今日の心の持ち方やあり方が変わってきます。

今の生活はつまらないかもしれません。でも、それは今の生活がつまらないのではなくて、「将来に楽しいことがないから、今の生活がつまらないように見える」とも言えます。

ちょっと先の未来の、ちょっとした楽しみなことに意識を向ければ、知らない間に時間が経って、今年も何もせずに終わってしまったなんてことがなくなります。

今週、楽しみにできること、何か楽しいことをつくりましょう。意図的につくりましょう。そして、それを言語化しましょう。

第3章

ゴールと同時に「自分」を言語化する

「強み」探しでの落とし穴にご用心

自分の強みを活かして仕事をしたい。そこに自分がやる意味がありそうだし、使命を全うできそうだ、と感じるかもしれません。たしかに、それはそうかもしれません。

ですが、そもそもその「強み」って何でしょうか？

強みを見つけたいと言いながら、肝心なその「強み」が何なのか、ほとんどのケースであいまいなまま放置されています。

そして、自分の強みを見つけるにあたって、「過去に褒められた経験を思い出そう、そこに強みがある」とよく言われます。

ただし、ここは少し注意しなければいけません。というのは、**「褒められた経験」には、自分を縛り付けてしまう落とし穴がある**からです。

以前、ぼくが動画編集をお願いした方がいました。「ぼくの動画を編集してください」とお願いし、簡単なテロップを付けてもらうこと、ＢＧＭを入れることを依頼しました。ところがその方は、ぼくが依頼していない部分まで完璧に仕上げてきたのです。

少しでも口ごもったり、間が空いてしまった部分はすべてカットし、効果音や気の利いたテロップを入れてくれました。

もちろん、すごくうれしかったです。そこまでやってくれるなんて思っていなかったので、「次回もこの方にお願いしたい！」と感じました。でも、結果的にその方に次も依頼することはありませんでした。その方が動画編集業務をやめてしまったからです。

実は、その方はものすごく頑張って、ものすごいストレスを自分で抱えながら、その動画を編集していたのです。ご本人の意識としては、「これが私の強み、これができるのは私だけ」と意気込んでいましたが、結局、ストレスが勝ってしまい、続けられませんでした。

ぼくはそんな細かいことまでは期待しておらず、頼んだ部分だけやっていただければ良かった。でも、その方はまわりの人から褒められたものだから、またそれが「強み」だと思い込んでいたから、「次回もそれをやらなければいけない」と自分で自分を縛っていたのです。結果として、本人がメンタル的につぶれてしまったわけです。

彼のように、ものすごく丁寧に仕事をやる人がいます。丁寧にやり、気をつけてミスがないように進められます。それを見て、まわりの人はその人を評価します。「あなたはいつも仕事が丁寧で、ミスがまったくない。すばらしい！」と、その人を褒めるでしょう。

当人は、仕事を丁寧に進めてミスをしないことを誇りに思うかもしれません。でも、これを自分の強みとして発揮し続けようとすると、大変なことになります。

何も考えずにノンストレスでそれができているならまだしも、非常に頑張ってミスをなくしている可能性があります。ものすごく頑張り、ものすごく細部にわたって時間をかけてチェックし、ミスをなくしている可能性があります。

たしかに、ミスがなく仕事ができています。しかし、そこにものすごいエネルギーを費やしていたら、どうでしょうか？

人から期待されるし、自分でも「他の人にはできない、自分の強みだ」と感じ、次回も同じように頑張ろうとします。そうなると、この人はその「自分の強み」に縛られて、常に自分をストレスマックスの状態に置くことになります。

「褒められた経験」には2種類ある

実は、褒められた経験には2種類あります。

1つ目は、**「自分では気づいていないけれど、自然と人よりうまくできていること」**です。特に意識しなくてもうまくできてしまう分野や、自分が才能を持っているテーマはこれに当たります。

2つ目は、**「自分が無理して頑張っていること」**です。人並み以上に努力し、注意を払い、やっと完成させているものも「褒められた経験」に入ります。

その「褒められた経験」が、自然にできてストレスを溜めない行為であれば、特に問題はありません。自分にとっては隠れた才能のようなもので、無理していないし特にしんどくありません。自然とやっているだけで人が評価してくれるわけです。

ですが、もしあなたが褒められたのが「一生懸命に頑張ってやっていたこと」だった場合、大変なことになります。

この場合、もはやあなたは義務感や「べき論」に縛られ、「こうやらなければいけない」「こうやらないと評価されない」と、**一種の強迫観念すら覚える**ことになります。これをやったら褒められるから、必死に頑張り、かなり無理している可能性があります。

「親から褒められるから」と言って、自分のやりたいことを抑えて、いわゆるいい子ちゃんでいる子がいます。大人にとって都合がいい子供でいる、そんな子がいます。褒められるからうれしくなります。そしてまた褒めてもらえるように、ずっと無理して「いい子ちゃん」でいます。でも実は、その子はものすごくツラいんですよね。

人から褒められたことは、なぜ危ないのか？

さらには、1つ目（自分で気づいていなかった隠れた才能）だったとしても、人から褒められて期待されると、もっと頑張らなきゃという発想になりがちです。それまでは自然体で80点だったのに、さらに自分の「強み」を発揮しようと、頑張って100点を目指してしまう。そして「これこそが力の発揮しどころだ！」「自分らしく輝ける場所だ！」「自分軸だ！」と言って、**無理をして頑張ってしまう。本当は自分の強みだったテーマなのに、精神的にきつくなってしまう。**そういうことも起こり得ます。

プロを目指すスポーツ選手が途中でつぶれてしまうのも、基本的には同じ理屈かなと思います。

最初は、周囲よりも格段にうまくでき、「天才じゃないか？」とまで言われる。自分は普通にやっていただけなのに、なぜか圧倒的な成果が出てしまう。そこで、プロを志すようになる。

でも、プロを目指す人たちのグループに入ると、自分の能力はさほど高くはなく、毎日必死にトレーニングしなければついていけない。いろいろ頑張ったけれど、プロになるまでには至らず、（プロを目指す人の中では）落ちこぼれになり、心身ともにボロボロになってしまう……。

以上のように、人から褒められた経験に目を向けると、少なからず他人の目を意識するようになり、他人からの期待に応えなきゃという意識が芽生えてしまいます。それを**自然体でやり続けられる人であれば問題ありません**が、頑張って期待に応えようとしてしまうと、無理して頑張り続けることになります。

「強み」を〝結果〟で判断してはいけない

いずれにしても、自分が過去に褒められた経験から「自分の強み」を考えようとすると、人目を気にして他人の期待に応えようとしてしまいます。結果的に自分を苦しめる方向に進んでしまいます。

そもそも、**「強み」を特定するのに「褒められた経験」を思い浮かべるのがいけない**のです。

ほとんどの人が「自分の強み」を、漠然と「自分が人よりもできること」とイメージしています。多くの人は、自分の強みを成果物の量や質で判断しています。

「いい仕事ができたら、それが強み。人よりもたくさんできたら、それが強み」

と考えています。

そもそも、ここからズレています。それがいけない。

「強み」とは、出せる結果で測ってはいけません。もし、結果で考えるならば「他の人よりも成果が出せる分野」でなければいけません。

しかし、自分よりも成果が出せる人なんてたくさんいます。高校球児で考えればわかりやすいですが、中学校で一番だったとしても、強豪高校に入ったら、もっと上がいます。全国に目を向けたら、もっともっと上がいます。さらには、プロに入ったら歴代の「超ナンバー1」たちが勢ぞろいしていて、1軍にすら上がれないという状況になります。

結果で考えてしまうと、「他の人に負けない」と言える人は、理論的には世界でたった1人しかいないわけで、ほとんどの人が強みを持てないことになってしまいます。実際には、まわりにいる人よりもうまくできることなんてないと感じることのほうが多く、自分にはまったく強みがないと感じてしまうことになります。

「精神的コスト」が低い「強み」を探せ

強みを、自分が出せる結果で考えてしまうからいけないのです。

発想を変えましょう。人よりも成果が出せるポイントを考えるのではなく、自分が精神的コストをかけずにできること、つまり**「人よりも嫌じゃないこと」**を考えましょう。

その作業が人よりも得意かどうかはほぼ関係がありません。**得意・不得意よりも、嫌か・嫌じゃないか、それを続けられるかどうか**で考えたほうがいい。

うさぎとカメの話と同じように、最終的には地道に長く続けられた人が一番の成果を出します。仮に今それほど成果を上げられなかったとしても、長く続けられることはやがて熟練していきます。「好きこそものの上手なれ」というのは、「自分が好きなものは（継続できるし、いろいろ試行錯誤を繰り返すから、やがて）上手になる」という理屈です。それぐらい「継続できる」ことは大事なことです。

このように、継続するために最も大事なのが「嫌いじゃない」ことです。それが、嫌で嫌で仕方がなかったら、継続なんてできません。ものすごく嫌いなものは、考えることも嫌ですから、自分で試行錯誤して工夫することも少なくなります。

大事なのは、「今得意なこと」に目を向けるのではなく、**「自分が嫌だと思わないこと」「まわりの人はすごく嫌がっているけれど、自分はそれほどストレスなくできること」に着目する**ことです。それが、やがてはあなたの強みになっていきます。

避けるべきは、「苦手なこと」ではなく、「精神的コストが高いこと」

「ストレスがかからない分野を探す」ということは、同時に「ストレスがかかること」を特定することでもあります。自分が強くストレスを覚えている事柄を特定して、それを避けていくことが、自分の人生を動かすために大事な点です。

ただ、ここで目を向けるべきなのは、**「ストレスがかかること」**であって、**「苦手なこと」ではありません。**

自分がうまくできないものをやめて、誰かにやってもらおうとする考え方が主流ですが、それでは、業務効率は上げられても、自分の人生を動かすことはできません。「嫌な食べ物」が残り続けるからです。

大切なのは、**得意不得意ではなくて、精神的なストレスを避ける**ことです。精神的なストレスが強ければ得意であっても意味がないし、仮に苦手であっても精神的なストレスがなかったら、まったく問題ありません。

①「うまくできるけれど、ストレスが溜まるもの」
②「うまくできないけれども、ストレスがないもの」

どちらを選ぶべきかと言われたら、明らかに②です。逆に言えば、

「うまくできているけれども、ストレスがかかるもの」

は、排除していくべきです。

自分の「強み」を判断する基準

△ 人に褒められたこと

人目やまわりの期待に縛られ、精神的にキツくなる可能性あり。褒められたことがノンストレスならOK。

○△ 人より成果が出せること（人より得意なこと）

人に比べて成果が出せること、得意なことは、自分の強みと思いがち。ただ、この結果だけで考えてしまうのは危険。世の中には「上には上がいる」ため、そこで精神的に折れる可能性あり。

◎ 人よりも嫌じゃないこと（精神的コストが低いこと）

「得意・不得意」より「嫌か・嫌じゃないか」を基準に考えるのがベスト。精神的コストが低いと、それを続けられる可能性も高まる。

※なお、「うまくできることでも、ストレスが溜まるもの」は避ける。逆に、「うまくできなくても、ストレスがないもの」はOK。

「苦手なもの」を避けるのではなくて、「精神的コストが高いもの」を避けていくのがいいでしょう。

ただ、ストレスや精神的コストがゼロのものはおそらくありません。どんなことであれ、面倒だなと思うことはあります。ただし、人と比べて自分の精神的コストが低いものはあり得ます。まわりの人たちはすごく嫌がっているけれど、自分はそんなに嫌ではないという事柄です。たとえば、数字の計算とか、パソコン作業などです。これらに強いストレスを覚える人たちはたくさんいますよね。これらがとことん嫌いな人がいます。

人に比べて精神的コストが低いものが、なぜいいのか？

営業の仕事もそうです。「断られるのが怖い」「お客様に社交辞令を言いたくない」「売り込むのが嫌」などなど、いろいろ言われます。

ぼくも営業はあまり好きではありません。できるかできないかで言えば、成績はいいほうだと思います。でも、ストレスが溜まります。同じ営業の仕事でも、他の人よりもぼくのほうが、抱えるストレスが大きかったんじゃないかなと感じます。だったら、ぼくは営業をやらないほうがいい。

一方で、自分1人でする作業は苦になりません。

たとえば「本の原稿を書く」とか、「何かについて長時間考える」とか、他の人が音《ね》を上げそうなことでも、ぼくは毎日でもできます。

人によっては「誰とも話さないと調子がおかしくなる」と言う人もいますが、ぼくは仮に何週間も会話しなくても苦痛は感じません。

他の人と比べて精神的コストが低いものを手掛けていけば、人よりも多くの時間と労力を注ぎ込めることになります。結果として、その領域は他の人よりも得意になっていくのです。

◉そこまで得意ではないけど、他の人に比べて特に苦にならない、特に嫌だと思わない。

◉多少は嫌だと思うことがあったとしても、人よりはその嫌に思うレベルが少ない。

そういう分野を自分で探しに行くほうがいいのです。

たとえば、ぼくは料理がそんなにうまくありません。豚の生姜焼きとオムレツ以外は、うまくつくれません。でも、料理をすることがそんなに苦にはならないんですよ。だから、続けられるのです。続けられるから、徐々に上達していくんです。

今でもそれほどうまくはありません。でも、数年前に比べれば、かなり上達しています。**無理していないから継続でき、継続できるから、これからも上達していく**わけです。

この積み重ねが、やがて自分の本当の強みをつくっていきます。

最初から「独自性」を考えても意味がない

自分がやりたいことを考えるときに、独自のポジショニングを取ろうとするケースがあります。でも、最初からそんなことを考える必要はありません。もちろん、将来的に、その自分がやりたいことでオンリーワンの存在になれれば超ハッピーです。

ただし、ゼロから構築していくとき、何の実力も実績もないときからオンリーワンを目指しても意味がありません。

そもそも**オンリーワンを目指せるような場所とは、「ライバルが少ない場所」という意味**です。野球やサッカー、ラーメン屋、アーティスト、などライバルがものすごく多い分野でオンリーワンをいきなり目指すのは、相当無謀ですよね。目指しても構いませんが、同じようにトップを目指しているライバルのさらに上をいかなければいけません。それだけの覚悟を持っていなければ、オンリーワンにはなれません。

また、**「ライバルが少ない」ということは、ほとんどの場合、「需要がない」ということです。**自分自身は「今までこのテーマでやっている人がいない！　私がオンリーワンになれる！」と考えているかもしれませんが、実際はそうではありません。**ライバルがいないのは、お客様がいない**からです。需要がない分野だからです。オンリーワンのポジションを狙っているつもりが、ほとんどのケースで「オンリー・ワン」ではなく、「オンリー・ユー」になってしまっています。**ライバルもいないけれども、お客様もいない。**そこにはあなたしかいない。砂漠の真ん中に立って、「ライバルがいないから、ここにお店開きます！」って言っているのと同じです。

ぼくらが自分のゴールを考えるときに、独自性なんかいりません。人と似ていていいのです。**独自の売りとかポジショニングを考えるのは、自分がストレスなくその仕事ができるようになった後**だと思ってください。

ひとまず、コンフォートゾーンを固める

「コンフォートゾーン」という言葉を聞いたことがあるでしょう。「自分にとって安心できる領域」のことで、一般的には「コンフォートゾーンから抜け出さないといけない」というような若干悪い意味で使われます。日本語で言うと「ぬるま湯」みたいなもので、そこに留まっているから成長できないんだ的なことを言われます。

しかし、それは間違いです。

コンフォートゾーンがあるから、チャンレンジができるんです。自分が何かに挑戦するためには、コンフォートゾーンをまず固めることが何よりも大切です。

コンフォートゾーンから抜け出さないと、大きな成長は見込めないという主張も理解できますが、その前に、コンフォートゾーンがない人が一番弱いのです。コンフォートゾーンは、言ってみれば、**自分がストレスなく活動ができる領域**です。船で言えば港、プライベートで言えば安心できる家庭かもしれません。これらがなければ、常にチャレンジ、常に開拓、常に緊張と戦闘態勢のような感じになってしまいます。これでは常に気持ちが不安定になってしまい、自分の本領を発揮できません。

ぼくは年間100回以上講演・セミナーに登壇しています。過去には参加者1万人の講演会にも登壇しました。そこでよどみなく話しているので、「話がうまい人」と認識してもらえることもあります。そして、「私も話がうまくなりたいです。どうすればいいですか?」と質問されることがあります。

話がうまい人と思ってもらえるのは、素直にうれしいです。でも実は、ぼくは特に話がうまいわけではありません。その証拠に、ぼくはテレビのコメンテーターをやっていたときにはあまりうまくしゃべれませんでした。そして、自分に合わないと思ってやめました。

でも一方で、講演とか自分主宰のセミナーとかでは、2時間でも3時間でもぶっ通しでしゃべることができます。1万人を前にしても特に緊張しません。

なぜか？

ぼくが「コンフォートゾーン」を持っているからです。

講演のときのコンフォートゾーン、つまり普段から話慣れているネタを持っているから、まったく緊張せずに話をすることができるのです。話慣れているコンフォートゾーンのネタを持っていれば、「困ったらそこに戻ってくればいい」という感覚になります。これがものすごい**安心材料**になり、別の話をしているときも終始リラックスできるのです。

話をうまくするために、滑舌を良くしようとしたり、話し方スキルを勉強してもほとんど意味がありません。というのは、緊張していたら、そもそもそんなスキルを発揮できないからです。

コンフォートゾーンがあるから、積極的にチャレンジができる

ぼくらに必要なのは、安心してチャレンジできるようになることです。**自分の実力を発揮するためには安心領域が必要**です。「困ったら、そこに戻ってくればいい」と思えるところがあるからこそ、攻めていかれます。

今のところ自分が何をしていいかわからない人は、**自分が毎日落ち着いて仕事ができる分野、これは無理なくできる、苦なくできる、楽にできる分野**を見つけなければいけません。それが最初です。

ただ、これまでその「楽にできる分野」には、大きな意味を見いだしてこなかったと思います。自分にとっては簡単な業務なので、誰にでもできそうな仕事に感じているかもしれないし、もしかしたらご自身にとってはくだらない仕事に思えるかもしれません。「こんなこと続けても意味がないでしょ。ずっとこれをやっていても何も発展しないでしょ」と否定的な印象を持っている可能性があります。

もし否定的な印象を持っていたら、その見方を変えましょう。

「自分にとって重要じゃない仕事に時間を使え」と言っているのではありません。**あなたが重要な仕事にチャレンジできるような足固めが必要**です。どんな小さなところからでもいいので、自分にストレスがかからない場所をつくっておくことが本当に大事なのです。

大切なのは、「退路を断つ」より「安心感」

「退路を断って、背水の陣で思い切ってやるほうがいい」と言われることもあります。会社を辞めて独立起業するときにも、まわりの人たちに決心を伝え、二度とサラリーマンには戻れないような環境をつくるほうがいいと言われたりもしますね。

しかし実は、社会学では逆のことが言われています。サラリーマンに戻ってこられるという安心感がある人が成功しやすい、という研究結果もあります。

ぼくの感覚としては、後者のほうが大多数の人に当てはまります。もちろん、退路を断つことで、全力を尽くして前に進み、成功を収める人もいるでしょう。

しかし、そんな鉄のマインドを持っている人はごくわずかです。多くの人は退路を断つことで毎日を決死の覚悟で動かなければいけなくなり、それが**心理的に重荷にな**

って落ち着いた発想や行動ができなくなります。ぼく自身も、「次はいつお金が入ってくるかわからない」という状態で仕事をしていたら、メンタルを病んでしまいそうです。

現実問題として、「サラリーマンの仕事が嫌で嫌で仕方がない」と言いながら、その会社に何十年も勤めている人が多くいます。「嫌だったら辞めればいいじゃん」と感じますが、辞めてしまうと、お金を稼げるかどうかわからない、生きていかれなくなるかもしれないと思って、嫌な仕事を続けるわけです。

ここでもし、「ダメだったら、また戻ってこられる」という安心感があればいかがでしょう?

仮に、どこかの会社の内定を確保したうえで、自分のやりたいことをできるとしたらどうでしょう?

内定を確保しているので、万が一失敗したらその会社に就職できます。となれば、ずいぶん気持ちが軽くなって、チャレンジできるでしょう。

「安心できる状況」があるからこそ、本来自分がやりたかった仕事だけを見ることができるわけです。

安心感があると、何も心配せずに挑戦できる

矢沢永吉さんも「お金があれば魂を売らなくて済む。お金があれば、やりたい仕事だけできる。だからお金を稼ぎたかった。安心したかった」と語っています。

ぼくもそうでした。2009年にリクルート社を辞めて作家として独立しました。

作家というかなり不安定な仕事に変え、それまでの生活とまったく違う道を行くことになりました。本は売れたときにはまとまったお金が入ってきますが、いつも売れるとは限りません。かなり浮き沈みが激しい職業です。サラリーマンの安定を捨て、作家の道に進めたのは、ぼくが会社員時代から副業として出版社を1人で経営し、サラリーマンの給料とほぼ同額のお金を稼げていたからです。そちらのお金には手を付けていなかったので、給料がなくなっても最悪そちらのお金で生活は維持できるという安心感があったからです。結果的にサラリーマンを辞めてから3年間でベストセラーを連続して出すことができ、50万部以上の本が売れました。

しかしこれは「たとえ本が売れなくても大丈夫」という安心感があったからです。それがあったから、何も心配せずに全力で挑戦ができたのです。

また『スラムダンク』の話になってしまいますが、あの漫画の中で三井寿がスリーポイントシュートを連続で決めるシーンがあります。もともと三井寿はスリーポイントがかなり得意です。

しかし、あのシーンで描かれているのは、「三井寿はスリーポイントがうまいから決められる」ということではありません。仮にもしシュートを外しても、仲間の桜木花道がリバウンドを必ず取ってくれるという安心感があるから躊躇《ちゅうちょ》なく打てるのです。

その安心感を断つことで、自分の気合いに火をつける人もいるでしょう。でも、そういう人は、安心材料があったこととは無関係に本気になれます。

逆に、安心感が甘えや気のゆるみにつながってしまうケースもあり得ます。ただ、このタイプの人たちがもし「安心感」をなくしたら、日々お金がなくなる恐怖に押しつぶされそうになり、本来の力量が発揮できないでしょう。

どちらにしても、安心感は大事なのです。

自分が思い切って攻められるのは、守りがあるからです。「守り」は大丈夫と思えているから、前だけ向いて全力で行くことができます。もしそれがなかったら、「もしこうなったらどうしよう」「こういうケースが発生しちゃうかもしれない」といろんな心配をしながら戦わなければいけません。

しっかり前に向かう推進力を維持するために、がっちりと守りをつくっておく。**いつでも帰ってこられるようなコンフォートゾーンをつくっておくべき**です。

自分を止めている「不安」や「課題」を言語化する

目指しているところに行くためには、**自分が抱いている課題や不安を明確に言語化することが必要**です。

自分が気にしている不安や課題は、あいまいのままだとずっと気がかなりな状態で残り続けます。また、あいまいなままだと、実際よりも大きな存在になってしまいます。

人に悩みを話すと、状況は何も変わっていなくても気分が楽になったりするのはなぜか？

それは、**聞いてもらった安心感ではなく、自分の状況を話すことで、自分の中で整理できて、多少なりとも明確になるから**です。

漠然とした不安があると、意識がそちらに行ってしまい集中できなかったり、行動するときに「でも、どうせ○○だからな……」と自分を止めるブレーキになったりします。

その不安要素を消すことは、簡単にはできないかもしれません。しかし、明確になるだけで気持ちが楽になります。得体のしれない漠然とした不安を明確にして、「自分はこういうことに悩んでいるんだな、これを気にしているんだな」と自覚します。

それだけで心理的に大きく変わります。

「不安」とは何か？

まずは、課題を明らかにすること、自分の不安を明らかにすることが大事です。そのために「不安とは何か？」を明確にしておきます。

不安とは、「もしかしたらこのままだと、こうなっちゃうかもしれない」という**「妄想」のこと**です。「将来が不安だ」と口にする人が多いですが、その人たちは「このままだとやがて〜〜になっちゃうかもしれない」と妄想しています。

その内容がくだらないということではなく、まだ起きていないという意味で「妄想」です。将来に不安を抱く気持ちはわかります。

ただ、**自分がどんな妄想を持っているのかを自分でわかっていなければ、いつまで経っても対処しようがありません。**

「お金がなくなって住む家がなくなっちゃうかもしれない」と思っているのか、「足腰が弱くなって外に出られなくなるかも」と思っているのか、「一緒に遊んでくれる友達がいなくなっちゃうかも」と感じているのでしょうか？

妄想の種類は問題ではありません。

大事なのは、**自分が何を不安に思っているか明確になっていないから、より強く不安を覚えてしまうということに気づき、自分の頭の中にあるものを明確にすること**です。

「不安」を言語化するコツ

いきなりそんなことを言われても、自分がどんな妄想を持っているかなんてわからないかもしれません。たしかに、すでに明確に懸念しているポイントがあれば、それは現時点でわかっているはずですからね。

そんなときには、**自分のまわりにある「（自分として）嫌な事例」**を思い出しましょう。自分が何に不安を抱いているか、つまり「将来こうなっちゃったら嫌だな」という妄想には**必ずサンプル事例があります**。年齢を重ねた人の実例を見聞きして、「こうなっちゃったら嫌だな」と感じたわけです。そのサンプル事例がなければ、そういう妄想を描くことはできません。

たとえば、「このままだと将来、北極に住まなきゃいけなくなるだろうな」と不安に感じる人はいないでしょう。なぜなら、北極に住まなければいけなくなった人を知らないからです。

でも、「このままだと老後にお金がなくなって、食費を削らないといけなくなっちゃうかも」という不安はあり得ます。そういう人の話をテレビで見たことがあるからです。ぼくらの不安には必ず、身近なサンプルがあります。**「よく知っている人が○○になった」**や**「テレビでよく言われている」**など、**自分にとって馴染《なじ》みがある例**をイメージしてみてください。

人が感じる嫌なことの多くは、**お金の話**か**人間関係**です。「お金がなくなる」か「人から何か言われる／無視される」などの悩みが多いですね。ざっと思いつくままに挙げてみます。

◉このままだとお金がなくなって、一生仕事をしなきゃいけなくなるかもしれない

◉お金がなくなって、老後に極貧の生活を強いられるかもしれない

◉このままだと、ずっと会社の奴隷になって、先に引退した同級生からバカにされるかもしれない

◉家族から「いつまでたっても、うだつが上がらない！　頼りがいがない！」と言われるかもしれない

◉友達を誘っても、誰も応えてくれないかもしれない

などです。

なので、意図的に想定してみましょう。

想定したときに自分の気持ちが大きくざわついたら、それがあなたが強く抱いている妄想です。それが明確になれば、自分が何を懸念しているかが見えてきて、得体のしれない漠然とした不安は消えていきます。

不安を明確にしないと、どんなリスクがあるのか？

自分の頭の中の気がかりなことを特定しないと、仮に自分が目指している状態を達成しても止まれなくなります。成し遂げたいことが実現しても、まだ不安が残り、常に焦燥感が出てしまうのです。

よくあるパターンとしては、「お金を稼いでも、稼いでも不安が消えない」という

状況です。かなりの確率で、すでにあなた自身がその状態に陥っています。

ぼくらは学生のときと比べたら、少なからず収入は増え、経済的に余裕が生まれています。人によっては、学生時代と比べると「かなりの高収入」を得ているかもしれません。

しかし、まだ足りないと思っていますよね?

「こんなもんじゃ足りない、もっとないと不安で仕方がない」と思っていますよね。

ぼくは学生のときの1カ月の生活費がだいたい8万円でした。月末になるとかなり金欠になり、1週間をキムチ鍋だけで過ごしたこともあります。それに比べたら今は「大金持ち」ですね。今となってはいい思い出ですが、当時を振り返ると、なかなかの貧乏具合です。同じような経験をしている人も多いでしょう。そのときと比べると「大金持ち」になっている人もきっと多いはずです。でも、その大金持ち具合は感じていませんよね。

また、ぼくの知人で、貯金を2000万円貯めたらサラリーマンを辞めて起業すると固く決意していた人がいました。しかしその方は、結局2000万円貯めてもサラリーマンを続けました。「やっぱりまだ不安だから、もうちょっと貯めてから辞める」

だそうです。結果的に、当時から10年経ち、現在の貯金は3000万円を超えているようですが、いまだにサラリーマンを辞めていません。

「会社を辞めたほうがいい」ということではなく、**不安がいつまで経っても消えないことに着目してもらいたい**のです。そして、**不安が消えないのは、不安の正体が自分でわかっていないから**です。

自分の「無意識」を言語化する

自分を理解するために必要な、もう1つの側面があります。

それは、**「自分が持っている暗黙の想定」**です。これを言語化しなければ自分自身を理解できません。

自分の性格を理解するだけでは、自分を理解したことにはなりません。

「あなたはあなたが食べた食べ物でできている」という言い方があります。栄養素的に、そして肉体的にはそのとおりでしょう。ただ、自分を理解するとは、「自分の肉体」を理解することではありません。

ぼくらが自分で理解しなければいけないのは、**自分の考え方、思考や行動の傾向・クセ**です。どういうときに、どう考えるのか、そしてどう行動するのか、どういうことに怒りを覚え、どういうことに感謝するのか、などです。

ただ、ぼくらが考えて行動しているのは、ぼくらの決断のほんの数パーセントだけです。ほとんどは自然に（意識せず）考え、行動しています。つまり、無意識に決め、動いているわけです。なので、ぼくらが**自分を理解するとは、ぼくらが暗黙のうちに前提としている考え方を理解すること**なんです。

自分を理解しようとする際に、自分の価値観や信念を言語化しようと試みるケースがあります。ですが、その際に振り返って捉えることができる自分の価値観や信念はほんのわずかです。無意識でそう考えているので、それを意識することができません。

それよりも**「こういうものって、普通こうだよね」という何気ない想定・決めつけのほうが重要**です。なぜなら、そういう何気ない判断をする人のほうが、圧倒的に数が多いからです。

たとえば「良い企業に入ったら、生活が安定しそう」と思っている人がいます。そう考えている人は、実際に「良い企業」を目指そうとします。良い企業に入るために良い大学を出ようとする。そして、良い大学に入るために小さいときから成績を上げようと必死に勉強する。別にそういう発想を持っていても構いません。

ぼくがお伝えしたいのは「良い企業に入ったら安定する」という暗黙の想定や前提が、小さいときから必死に勉強して成績を上げようとするという行動につながっているということです。

小さいころから勉強するのも悪くはないかもしれません。ですが、それが嫌なら(もしくは自分の子供にさせたくないのであれば)、何かを変えなければいけませんね。

では、何を変えればいいのか?

それは「効率良く勉強しよう」「(ワーク・ライフ・バランスならぬ)勉強・ライフ・バランスを取り入れよう」ではありません。

変えるべきは、ぼくらが持っている暗黙の想定です。「いい会社に入れば生活が安定する」また「生活が安定しないとツラい」という発想を持っていたら、学歴を目指したレールに乗っかってしまうでしょう。その暗黙の想定を持っている限り「勉強しない」という選択肢を持てません。「勉強せずにいい高校に入れなかったらどうしよう」

「いい大学に入れなかったらどうしよう」「いい会社に入れなくて、そして生活が不安定になって、仕事が得られなくなって、食べていけないかもしれない」……という妄想を抱いています。

学歴がなければ幸せになれないかと言えば、それは嘘ですし、さらにはいい企業に入ったら生活が安定するというのも、これからの時代にはまったく当てはまらないでしょう。

いい会社に入るかどうかの是非は、問題ではありません。

「自分がどういう想定を持っているか」、それによって**「自分の考え方と行動がどちらに方向づけられているか」**に注目しなければいけません。

この自分でも気づいていない暗黙の想定とかストーリーは、自分で気づいていないがゆえにずっと残り続けます。それが自分の行動を決めてしまいます。まず**「自分がどういう暗黙の想定を持っているのかに気づくことが大事**です。

ぼくらは、ぼくらのまわりの平均値になる

ぼくらが持っている何気ない想定や日常の中でしている判断は、ぼくらが自分で刷り込んだわけではありません。まわりから自然に刷り込まれたものです。

普段見ているテレビ番組や、家の中で交わされる会話、友達同士のやりとり、学校の先生に言われたひと言などに、自分でも気づかないうちにじわじわ染まっていきます。

人生を大きく変える衝撃的な言葉や教訓を得たときとは異なり、おそらく自分の考え方が変わったことにも気づかないでしょう。それくらいゆっくり、特に大きな衝撃もなく自分の中に「当たり前」として浸透していきます。

「自分は、自分のまわりにいる数人の平均値になる」と言われます。年収や仕事の成果、発言など自分が出すアウトプットは、自分が一緒に時間を過ごしたり、話をしたりする時間が長い人たちの平均値になっていくという話です。ぼくが思うに、これは真実

です。

ぼくが最初にこの話を聞いたときにはピンときませんでした。一緒にいるからといって、その人の能力が乗り移るわけでもないし、そもそも同じような考え方をしている似た者同士だから一緒にいるのでは、と感じたのです。でもそれは違いました。

ぼくはあるとき、自分より数段格上のメンバーの中に放り込まれました。考え方も、仕事の仕方も、プライベートの遊び方も桁違いに優れているメンバーと一緒に過ごすようになったのです。その結果、ぼくの年収が10倍になり、働く時間が半分以下になり、いつの間にか、ぼくも彼らと同じような人種になれていたのです。

特に何を教えてもらったわけでもありません。みんながイメージするような成功ノウハウを聞いたわけでもありませんし、お互いの仕事の内容は知っていても、仕事のスタイルややり方などはほとんど聞いていません。どちらかと言えば、学生のころと同じようにお酒飲んでアホ話をして、大笑いしていただけのような気もします。でも、結果的に、ぼくのビジネスは大きく飛躍し、年収が10倍になりました。

「当たり前」の基準は、人間環境で書き換えられる

なぜ一緒にいるだけで、ぼくのアウトプットが変わったのか？

それは彼らがしていた何気ない行動を見聞きし、ぼくの日常の行動や、ぼくの中の当たり前の基準が変わったからです。

たとえば、みんなで話をしているときに、ふと「あれって、何だっけ？」と、わからない事柄が出てくることがあります。歴史の話でも、映画の話でも、飲食店の話でも。そのときに、その場にいる全員がスマホで検索して情報を確認するのです。**わからないことがあったら、わからないままにせず必ず調べます。**しかも、すぐその場で調べます。

また、彼らは**「検討します」という言葉を使いません。**投資でも、遊びの旅行でも、何でも「検討します」とは言いません。行くなら「行く」、やるなら「やる」。逆に、行かないなら「行かない（行かれない）」と明言します。ちょっと考えてから決めます

……などとは絶対に言いません。**即断即決**です。決められない理由があるなら、それを明確に伝えます。うやむやにしません。

これまでの自分自身や、周囲から聞こえてきた声を思い出すと、「検討します」「ちょっと考えますね」という言葉がどれだけ多かったかに改めて気づかされます。本当に検討するならまだいいのですが、ほとんどの場合は単に決断する時期を先延ばしにしているだけです。その場で決断する勇気がないから、余裕を持ってあとで考えたいということです。そして結果的にそういう人は、いつまで経っても決断しません。だから人生が前に進まないのです。

成功者に会うと、案外普通な人だなと感じることも多々あります。そうです、みんな普通の人なんです。別にＩＱがズバ抜けて高いわけでもないし、人並外れた執念と気合の持ち主なわけでもありません。かなり「普通」の人です。

ただ、何気ない考えや何気ない行動が違います。何気なくても、数が多い。それが積み上がって大きな結果を生んでいるのです。

自分が学ぶべきことは何か?

学び続けることは大事です。成功者の誰もが口をそろえて言いますし、ぼくもそのとおりだと思います。

でも、学び続けるって、具体的に何を学べばいいのでしょうか?

学校のカリキュラムと違って、次にぼくらが学ぶべきものを提示してはくれません。

社会に出たら、何を学ぶか自体を自分で決めなければいけません。

ビジネスでも同じです。たとえば自分がマーケティング職についていたら、マーケティング基礎編と応用編は学んだほうが良さそうですね。

でも、そのあとは?

特定のケースにしか使わないようなニッチな分野、たとえば地域の半径1キロのお客様に向けたチラシのマーケティングや、ネットを使わないシニア層にアプローチするマーケティング手法などを勉強するのでしょうか?

自分が実際にそのビジネスを手掛けていればいいですが、そうでなければあまり効果が見込めなそうです。

また、本を読むにしても、話題になっているベストセラー本を片っ端から読んでいっても、実務に使えるとも限りません。かといって、自分の業界・業種の本だけを読むのも視野が広がらなそうです。


ではどうすればいいのか？

ここで必要なのが**「リスキリング」**です。

リスキリングとは、新しい業務に必要となるスキル・知識を習得することで、最近の流行りのキーワードになっています。

とはいえ、リスキリングを日本語にすれば「再びスキルを身につけること」で、要は「新しく必要になったスキルを勉強しなさい」というだけのことです。そして、ここでも「何を学べばいいのか？」が本当は一番大事なテーマになるはずです。

世の中的には、リスキリングをやればいい、その機会を提供することが大事だなどと言われます。

でも、当たり前のことですが、「何を学ぶか」が一番重要です。

たとえば、今さらそろばんを習ってもビジネスにはほぼ無関係ですし、ワードやエクセルを使えればいいわけでもありません（パソコンがまったく使えないのは困るかもしれませんが、ワード&エクセルができるからといって再就職にプラスになるわけではありません）。何でもいいから講習を受けたり机に座って勉強したりすればいいというわけではないんです。

人生を動かすための「リスキリング」

ぼくが提唱しているリスキリングは、単なる追加の学び／学び直しではありません。

ぼくは1年のうち3カ月程度、ハワイの自宅で過ごしています。環境を変え、思考の整理やビジネスのブラッシュアップをしています。遊びに行っているようにしか見えないと思いますが、割と本気で仕事に向き合っています。

ぼくが毎回取り組むのが、このリスキリングです。

自分のビジネスを発展させたければ、これまでのやり方をそのまま加速させるよりも、**今までの延長線でやらずに、新しいことに取り組むこと**をしなければいけません。

ぼくらは、これまでもいろいろ頑張ってきました。何かに時間を使って取り組んできました。その取り組んできた結果が「今」です。さらにそこを飛躍させたいなら、**同じことだけを繰り返すのではなく、別のことをやらなければいけません。**

ただ、これがなかなか難しいのです。「別のことをやろう」って考えても、なかなか思いつかないです。というか、今のやり方よりもいい方法が思いついていたら、すでにやっていますよね。他にもやり方は思いつきましたが、「これじゃない」と思っていたからやらなかったんですよね。なので、何か別のことをしようとしても、また同じ思考回路に陥り、また同じ手法に戻ってきてしまいます。

たとえば、新商品の知名度を上げようと思ったら、とりあえずSNSで投稿します。そして、結果がある程度出たところで頭打ちになってしまっているとしましょう。

ここで、「違うことをやろう」と考え、SNSをやめて近所にチラシをまきます、駅前でティッシュを配りますという発想にはなかなかなりません。実際はどうかわかりませんが、第一印象としてはうまくいかなそうです。インスタグラムで投稿するのと、近所にチラシをまくのと、どちらが筋がいいかと聞かれたら、ほとんどの人はインスタを選ぶと思います。

ここで「違うことをやれ」と言われても、「チラシじゃないしな……、ティッシュ配りじゃないしな……。やっぱりインスタ続けて様子を見るか」という発想になります。

違う策は思いついていますが、それを実行に移せないのです。

ではどうするか？

これまでにやってこなかった策で、かつ筋がいい策を探さなければいけません。

そんなものあるのか？

あります。そして、すでにみなさんの頭の中には、その策があります。つまり、みなさんがすぐに思いついて、かつ筋がいい策が1つだけあるのです。

ヒントは、「自分が毛嫌いしている人」がやっていること

自分がすぐに思いついて、かつ筋がいい策とは、「自分が毛嫌いしている人がやっ

ていること」です。

あなたが毛嫌いしているライバルがいます。もしくは業界が違っていても、あの会社のやり方は嫌いだなと感じることがあるはずです。

「あいつと一緒にされたくない」とか、「なんだ、この偽物が！」とか、「詐欺師みたいなことしやがって」と、みなさんがイライラや憤りを覚える対象がいるでしょう。

でも、その会社にもお客様がついているわけです。つまり、お客様がその人を評価しているとも言えます。つまりは、お客様に「いい！」と思わせているわけで、お客様にそう思わせる「手段」があるわけです。

それ、あなたはやっていないですよね？

あんなことやったら、あの人と同じに思われちゃうからやりたくないと思って、やっていないのではないでしょうか？

もしそうだとしたら、その策はまだ手をつけていません。その策で得られる効果は、何も手にしていないのです。

新たな学びを止めているのは誰だ？

今まで他の策はやっていました。ＳＮＳに投稿し、お客様に購入特典を提示し、ユーザーの声もしっかり聞き、商品に活かしています。

でも、使っていただいているお客様に友人を紹介してもらい、商品説明のセミナーに参加してもらうという策はやっていません。

なぜか？

「怪しい」と思っているからです。そんなことをやったら、マルチ商法と勘違いされそうだし、なんか怪しいからやりたくない、と思ってやらないのです。実際、「セミナー」という言葉には、いろんなイメージを持つ人がいて、毛嫌いしている人も大勢います。ぼくは会社のメイン事業として、商業出版のコンサルティング＆セミナーをやっています。頻繁にセミナーを開催するので、自前でセミナールームを用意したいと思い、「セミナーを開催していい物件」を探しました。ですが、多くのテナントビルが「セミナー開催不可」だったのです。「マルチっぽい、怪しい、詐欺のにおいがする」などさまざまなことを言われました。

いろんなことを感じる人がいるのは仕方ないことです。ですが、提供者がそれに引っ張られてしまってはいけません。セミナー自体は犯罪でも何でもありませんし、経営者や企業担当者向けのサービスでは、「セミナー営業」のスタイルが多用されています。

ぼくが経営している企業研修を提供している会社では、ぼくらのプログラムを企業研修に導入していただく人事担当者を集めてセミナーをしています。そして、参加していただいた方に、個別に連絡し、営業の機会につなげているわけです。

でも、いまだに「セミナーで営業するのは怪しいからやりたくない」と言っている人もいます。やらないのは個人の自由ですが、**「怪しいからやらない」のは相当もったいない発想**です。

本人の中ではセミナーで営業するのは「怪しい」のでしょう。そう感じるようになったのは、「自分が毛嫌いしている人が、セミナー営業をやっていたから」という可能性が非常に高いです。その結果、「こんなことをやったら、あの怪しい人と同じと思われちゃう。一緒にされたくない」と考えているわけです。

繰り返しですが、ここはあなたが手を付けてこなかった部分です。そして、**ライバルは結果を出している策なので、試す価値が十分ある**ものです。ここにあなたの新たな道があるのです。

今までやってきたことを、より一生懸命にやって「プラス10」の成果を上げるのと、まったく手つかずの策を行なって「プラス10」を得るのと、どちらが簡単だと思いますか？

気持ちが悪いのはわかります。「あの人と一緒にされたくない、あんなことしたくない」みたいなことを感じて、気持ちがざわつくのもわかります。

ですが、**そんなに気にしているのは、結局自分だけ**だったりします。他の人は特にそんなこと気にしていませんよ。

もしリスキリングをしなかったら、ぼくの人生は止まっていた

かく言うぼくも、同じような思考にハマっていたことがありました。ぼくは今、出版のコンサルティングをしてます。著者であり、出版社も経営し、書店員も編集者も経験しているため、多くの著者が見えないポイントが見えています。そして、受講生の出版率、出版数ともに圧倒的な実績を出せるまでになりました。この仕事はぼくの天職とも感じています。

しかし、昔はむしろ毛嫌いしている職業でした。

ぼくから見ると、あまり正しくないビジネスをしているように見える自称コンサルタントがいて、その人たちと一緒にされたくないという想いが強くあったのです。そして、出版企画のコンサルティングをする自信はあるし、実際にそれをビジネスにすることもできるけれど、「出版のコンサルティングをしている」とは言いたくないという想いがありました。

ぼくはかつて、TVコメンテーターなどのメディア活動をしていました。そのとき、大橋巨泉さんの事務所からお誘いをいただき所属タレントになりました。この入所時の面談で「ぼく、実は出版のコンサルティングもしていまして……」と、打ち明けました。「そんな怪しい仕事をしている奴は所属させない！」と言われるかもしれないと内心ドキドキでしたが、事務所サイドはポカンとして、「はい、存じております。それが何か？」と言われたのです。

先方はすでに知っていたというか、何も気にしていませんでした。というより、**気にするようなことではなかったものを、自分で勝手に後ろめたく感じていただけ**でした。結局、自分から見て胡散《うさん》臭いものは、自分が勝手にそう思っているだけで、他の人から見たら「そうでもない」わけです。

でも、実際に自分で出版のコンサルティングを始めてどんどん成果が出てくると、たくさんのクライアントを救えます。世の中には「○○コンサルタント」という職業は胡散臭いと言う人も実際にいますが、目の前でクライアントを救えている実感を持てるので、そんな声はもはや気にならなくなりました。

第4章

「やるべきこと」を取捨選択する

しょぼい案でも、今日からやれば成果が出せる

「明日やろうはバカ野郎」という言い方があります。

何かしなければいけないことがあるときに「では、明日からやろう」とすぐ先送りする人は、結局何もやりません。

「明日」は永遠に来ませんからね。今日の翌日が「明日」ですが、24時をまわり「明日」になると、それまで「明後日」だった日が「明日」になります。なので、明日は永遠に来ないのです。

理屈っぽい話を抜きにしても、「明日からやろう」と言う人は、「今はやらない」と明言しているのと同じです。今はできない事情が何かあるのであれば別ですが、多くの場合は、単に先送りしているだけです。

逆に言えば、**何かできるのは「今日」しかありません**。今日やったことの積み重ねが大きな成果になって、やがて見えてくるわけです。多くの人は、今日やること（で

きること）の少なさにモチベーションが下がってしまいます。「これしか進まない、頑張ろうとしているのにこれだけしかできていない」と感じてしまいます。そして「こんなのやっても意味がない」と、やめてしまいます。結果的にしないことになり、前進していきません。

この考え方を変えてみましょう。しょぼい行動でいいのです。「これしか進まない」というレベルでいいのです。**仮に何の意味もなさそうに思えても、それが積み重なることでぼくらはゴールにたどり着けます。**

現実問題としては、**実行すれば何らかの成果が出ます。**

なんちゃってコンサルタントの受講生が成果を出した秘密

過去に、ブログを使って集客をするマーケティングコンサルタントの養成講座がありました。それまでブログを書いたことがなくても、たった3日間の講習でブログを活用したマーケティングのコンサルタントになれるという話です。率直に言って、まったくブログを書いたことがない人がたった3日でコンサルタントになれるというのは相当無理があります。実際には基礎的な知識しか持たない「なんちゃってコンサルタント」になるのが精一杯だと思います。

ですが、実際にこの養成講座からコンサルタントになった人がマーケティングの指導をした結果、**成果を出せた受講生がたくさんいた**のです。たいしたことは教えられないはずですし、実際に教えていませんでした。なんちゃってコンサルタントから、本当に基礎的なアドバイスを受けただけにもかかわらず、受講生は成果を出していったのです。

なぜか？

それは、**行動したから**です。

それまでまったくブログを書いたことがない人にブログを書かせていましたが、それまでが「ゼロ」なので、仮に「1」にしかなっていなかったとしても、成果が出たことになるわけです。

その新米コンサルタントは、ほとんど何も知りませんし、高いレベルのアドバイスはできません。しかし、一般論としてやるべきことは伝えられます。一般論として、

「毎日ブログを書いたほうがいいですよ」「ブログには、ビジネスの話だけではなく、自分のプライベートの話も書いたほうがいいですよ」などのアドバイスができました。

これまでまったくブログを書いていなかった人が、毎日ブログを書き、自分のプライベートの話も書きました。そうすると、何かしらの結果が出るのです。これまでがゼロだったので、1件問い合わせがあったり、ブログにアクセスしてくれる人が10人でもいれば、「結果が出た」ことになるわけです。

これが大きなポイントです。

多くの人が「いい行動プラン」を採用して実行したいと思っています。そう考えるのは理解できます。

でも、そのいい行動プランを探すために時間を使いすぎ、結果的に行動できていないのであれば、たとえそれほどいいプランでなくても実行したほうがいいのです。勉強でも仕事でも、「何が正解かわからない」と言って立往生している人は、いつまで経っても成果を出すことができません。

正解はどこかにあるのかもしれませんが、**もし今その正解がわからないのであれば、**

そのときに思いついたことをやり、少しでも前進させるべきです。

何かしらの行動をすれば、仮にほんの少しだったとしても、あなたの人生は動き出します。**あなたの人生が止まってしまうのは、行動しないから**です。**考えすぎて動けなくなっているから**です。

停滞している組織を見ると、みんな「考えて」います。検討しています。検討ばかりして行動していません。言われてみれば当たり前ですが、**「考えているだけ」では何の価値も生むことができません。**

考えているだけで何も実行しないのであれば、考える意味すらありませんね。もっといい案がないか探っているのかもしれません。それはそれで必要なことかもしれませんが、永遠に「もっといい案」を探していたらいつまで経っても何もできないことになります。実行がすべてです。

「効率的にやろう」が、あなたの人生を止める

実は、自分の動きを止めてしまう一番の原因が「効率性を求めること」です。業務を効率的にしたほうがいいと言われるし、効率が悪いから物事が進まないと感じている人が多いので、ほとんどの人は効率を上げようと考えます。

ただ、効率を上げようとすればするほど、吟味するようになります。「本当にこれでいいのか」「このやり方が一番効率的なのか」を吟味するようになります。それがあなたを止めてしまうのです。

自分で行動リストをつくっても、それを眺めるだけで実行しません。「今日これをやってもなぁ」「これをやる前に、別の◯◯をやっておいたほうが良さそうだし」と考えて、実行しないのです。

ぼくが営業職に就いていたときの話です。新規のクライアントにアプローチするために、アポ電をかけます。アポ電をかけるために、アポ電リストを先につくっておく人が多くいました。ここまではみんな同じです。

でも、そのアポ電リストを眺めているだけで、全然電話をかけない人がいるのです。

その人に話を聞くと、

「朝イチは定例ミーティングをやっている会社が多いから、担当者につながりにくい」「昼過ぎも打ち合わせがすぐ始まってしまうから、落ち着いて提案できない」「夕方は外出しちゃっているかもしれない」

などと、「今電話をかけても意味がない」という理由をたくさん挙げてきます。

もちろん、その想定どおり相手が不在のときもあるでしょう。電話をかけてもつながらない可能性もあります。でもそれを言っていたら、いつまで経っても電話をかけられないことになりますよね。

本人は、効率的に仕事を進めようと思っているかもしれませんが、それは単なる言い訳になってしまっています。むしろ、非効率でいいから行動したほうが、確率論としても成果が出やすいものです。

効率性を考えるのは、非効率な行動をたくさんして、何が無駄かを自分で理解してからにしましょう。

「効率性」があなたの「行動」を止める

「効率性」を理由に、
行動しない「言い訳」が生まれる

・このやり方は、本当に効率的なのだろうか？
・今日、これをやってもなぁ。意味があるのか？
・これをやる前に、別の○○をやっておいたほうがいいかも。
・せっかく今、これをやるなら、あれから始めたほうが効率的だろう。

非効率でもいいから行動したほうがいい！

自分の人生を動かすために、「行動」を言語化する

自分の人生を動かすためには、とにもかくにも「実行」することです。そしてその前に必要なのは、「何を実行したらいいかを明確に言語化すること」です。

やるべきことをリストアップしても、行動できないことがあります。それは、その**「やるべきこと」が、実は明確に言語化されていないから**です。自分では決めたつもりでも、実は決まっていません。だから実行できないんです。

たとえば、「今年中にダイエットをしよう。週に2回は運動する」と考えたとしましょう。もしくは、「今年こそ英語を習得したいから、英語の勉強を始める」と言う人もいます。年始に目標を書いて、やるべきことも明確にしたと感じるかもしれません。でも、実際はこれでは言語化できたとは言えません。

ダイエット目的で「週に2回は運動する」と言っていますが、「運動」とは何をす

ることなんでしょうか？　腕立て伏せでしょうか？　朝ウォーキングをすることでしょうか？　もしくはピラティスやヨガをすることなのでしょうか？

「そんなのはまだわからない、実際にやるときに決めればいい」と思うでしょう。

そうなんです、まだ決めてないんです。そして、まだ**「あいまい」**なんです。そのときに決めればいいと感じていても、実際には決めていないから、いざやろうとしたときに行動に移せません。

ダイエットのために何をしたらいいかまったくわからない大人はいません。実際に効果があるかどうかは別として、体を動かしたり、筋肉をつけたり、食事を減らしたりすれば痩《や》せそうというイメージは誰でも持っています。

つまり、やらなきゃいけないことの方向性はすでにわかっているのです。でも現実にはかなり多くの人が、ダイエットを始めません。失敗するのではなく、始めません。

それは、まだ**方向性しかわかっていない**からです。「やるべきこと」がまだあやふやなのです。やるべきことがあやふやだから、「今日からダイエットしよう……、何から始めようかなぁ……、どうしようかなぁ……、……うーん、明日考えよう」で止まってしまっています。

英語も同じです。「英語の勉強をする」と意気込んでも、何をすることなのか自分自身で明確にしていません。単語を覚えることなのか、英語の音声を聞くことなのか、外国人が集まるバーに行って、ネイティブと英語で会話をすることなのか、いろいろあり得ます。**やるべきことが明確になっていれば、ひとまずそれを実行に移すことができます**ね。逆にそれが不明確であれば「今日は何をしようかな〜〜〜」と考えているうちに時間が過ぎてしまい、結局何もできずに終わるのです。

「今日やるべきこと」を言語化しよう

ダイエットであれば、比較的単純かもしれません。何かしらの運動をすればいいのはわかりますし、どんな運動でも継続すれば、それなりに効果が出そうです。

でも、たとえば「一流の人になる」というゴールを掲げた場合はどうでしょうか？そのゴールに向けて今日から何をすべきか、頭の中に明確にイメージができる人は多くないでしょう。

一般的に考えられがちなのは、**「学校教育的な行動をリストアップする」**ことです。

「行動」できない言語化、できる言語化

「行動」できない言語化

例 今年中にダイエットしよう。週２回は運動する。

※「運動」って何をするの？ 腕立て？
ウォーキング？ ジム通い？
※「いつ」から始めるの？

➜ 言葉があいまいで、「行動」できない。

「行動」できる言語化

例 今年中にダイエットしよう。明日から週２回ジムに通い、２日に１回朝ウォーキングをする。

※週２回のジム通い、２日に１回の朝ウォーキングを実施する
※「明日」からスタートする。

➜ 言葉が明確で、「行動」できる。

その言語化、すぐに「行動」できますか？

本を読む、勉強する、誰かから教えてもらうなど、ぼくらがこれまで学校で受けてきた教育手法をイメージするケースが多くあります。

もちろんそれもありですが、行動できることはそれだけではありません。むしろ、「一流の人になる」のであれば、机に座って考えるよりも、外に出て何かを実行しなければいけないかもしれません。

以前、ぼくが講師として呼ばれた講演会で、会場から次のような質問をいただきました。

「私のゴールは、ノーベル平和賞を受賞することで、そのためにほぼ毎週セミナーを受講し、学んでいます。次はどんなセミナーを受講すればいいですか?」

という質問でした。

聞けば、実際には活動はしておらず、ノーベル平和賞を受賞するためのマインドやマーケティングを勉強しているとのことでした。

「関連知識のインプット」と「実地の活動」、
重要なのはどっち？

関連知識のインプット

（例）
ノーベル平和賞を受賞するために、
関連セミナーを毎週受講して勉強している。

実地の活動

（例）
ノーベル平和賞を受賞するために、紛争地帯で苦しむ子供たちを支援するボランティア活動をしている。

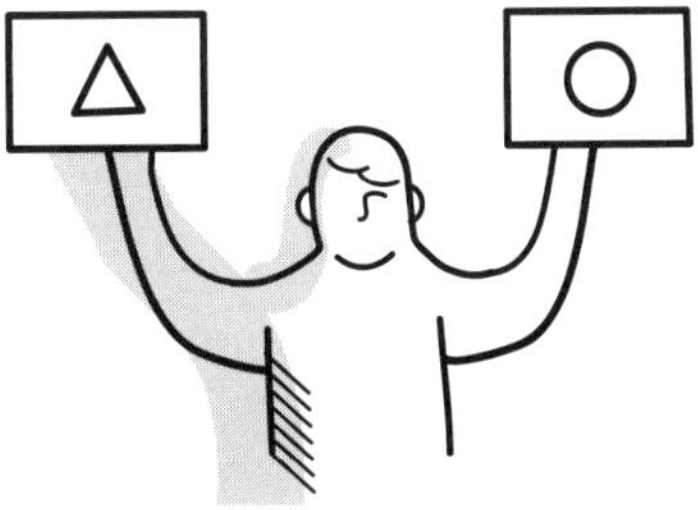

「勉強」も重要だが、もっと重要なのは「実地活動」。

この質問に、ものすごく強い違和感を覚えたのです。ノーベル平和賞を受賞することがゴールなのに、「実地の活動」よりも「勉強」を重視していたからです。

大変失礼ながら、このままではこの方がノーベル平和賞を受賞する可能性はゼロに等しいでしょう。学ぶことは大事です。しかし、学校教育的に何かを座って勉強すればゴールに行けるわけではありません。もしノーベル平和賞を受賞したいのであれば、今すぐにセミナー会場を出て、受賞に値する活動を今日から始めるべきです。

「苦手克服」は、やるべきことではない

ゴールに向かうために、「ひとまず苦手を克服しよう」という考えもあります。苦手な分野があったらゴールにたどり着けない、苦手分野が足かせになる可能性もあるから、それをつぶしておこうという考え方ですね。

これは一見理にかなっているかもしれません。いや、理にかなっていると感じるように思わされてきたかもしれません。

学校の勉強では、すべての科目の成績が良くないといけないし、「苦手科目は克服

しよう」と直接的に言われることも多々あります。そのため、ぼくらは苦手なものがあってはいけない、それがあると成功できないと感じるようになってしまっています。

もちろん、自分が苦手意識を覚える分野がないほうが気分はいいでしょう。何でもできる天才な感じがしますし。

でも、**「苦手分野がないこと」は、あくまでも理想形であって、そうならなきゃいけないわけではありません。**苦手を克服することが自分のゴール達成に絶対に不可欠であれば、向き合わざるを得ないでしょう。でも、単に苦手だからという理由で、嫌々練習をするのは意味がありません。

ぼくは絵が苦手です。いわゆる「画伯」です。中学のとき、毎回学級委員や生徒会長もやる超まじめな生徒だったにもかかわらず、美術の時間に描いた絵を先生に見せたら、「まじめに描きなさい」と言われたほどです。目で見たものをそのまま描けばいいとも言われますが、見たものを描こうと思っても、そのとおりに描けないんです。

そんなぼくが、「苦手を克服しなきゃ」と絵を描くトレーニングを積むことに意味があるでしょうか？

描けたら描けたでいいことはあったかもしれませんが、少なくとも今のぼくの仕事や生活では、絵が下手でもまったく支障はありません。いらないんです。だったらやる必要はありません。

「念のためこれも」という発想があなたの人生を止める

「必要性を感じなければ、やらなくてもいいかもしれない。でも、あとで万が一必要になったらどうしよう？　やっぱりやっておいたほうがいいのでは？」

こういう心配は誰にでもたくさんあるものです。

気持ちはわかりますが、この発想があなたの人生を止めています。この発想を持っていると「全部やる、全部やらなきゃ気が済まない」という発想になります。

と言いつつ、ぼくも学生のときはまさにこの発想を強く持っていました。受験や学校の試験勉強をするときに、「捨てる」ことができませんでした。「もしかしたら、ここも出るかもしれない、ここも理解しておかないと、この単語も一応覚えておかないと……」と考え、すべてに手をつける勉強スタイルでした。

すべてに対応できるように万全を期したと言えばかっこいいですが、実際は不安で捨てられなかっただけです。その結果、人の3倍時間をかけなければいけなくなりました。大学受験のときはもちろん、大学の期末試験ですら、すべてをやらないと不安で仕方がありませんでした。いいか悪いかは別にして、友達のほとんどが一夜漬けで試験を乗り切ろうとしていたのに対し、ぼくは半年も前から試験勉強を始めていました。夏なのに、冬の試験のための勉強をしていたのです。

たしかに、それで学校の成績は上がりました。しかし、ぼくが得られたのは「まわりよりも成績がいい」ということだけでした。

一夜漬けで乗り切ったメンバーも無事進級・卒業しています。単位を取ることだけで言えば、まわりが1日で結果を得ていたのに対し、ぼくは半年もかかったということです。その勉強内容がぼくのゴール達成に必要であればいいのです。でも、そうでなければ、無駄なものに半年も費やしたことになります。仕事で考えたら、「1日でできるけど、完璧にしたいから半年ください」と言っているようなものです。

その資格、何のために取るの？

「使う当てはないのに、資格を取ろう」とする発想も同じです。

簿記1級の資格を持っていたら、いつか何かに使えるかもしれないと考えてしまうケースがあります。その発想もわからなくはないですが、その資格試験の勉強に費やす時間は、おそらく無駄になってしまいます。簿記1級の資格を取るには、最低でも数カ月の勉強が必要です（一般的には500~1000時間必要と言われています）。使う当てがないのに、その500~1000時間を費やすのでしょうか？

さらに言えば、簿記1級の資格を持っているから何なのでしょうか？　何に使えるのでしょうか？　本当に有効なのでしょうか？

それをわかっていて「簿記1級」と言っているのであれば問題ないでしょう。でももし、わからずに言っているのであれば、資格試験を頑張っただけになります。もっと直接的に言えば、「その期間、何もせず止まっていただけ」と同じになります。

ぼくの仕事は、ビジネスコンテンツをつくり上げたり、商業出版をする方法をコンサルティングすることです。仮にぼくが簿記1級の資格を持っていたとしても、このコンサルティングのビジネスにはほぼ無関係です。その資格試験を勉強していた時間が無駄になるだけです。

みんなが必要と言っているから、英語を勉強する!?

同様に、「数字が弱いから数字に強くなりたい」「英語アレルギーを克服したい」というのも同じです。本当に英語が好きで勉強したいのであれば構いません。でも、「みんなが英語は必要というから英語」なのであれば、英語の勉強をしている間、あなたの人生は止まることになります。

ぼくは小さいころから、「英語がしゃべれないと、この先は生きていかれない」という脅しめいたことをまわりの大人から言われ、必死に英語を勉強しました。帰国子女でも何でもありませんが、大学の英語の授業は帰国子女クラスに入り、その中で一生懸命勉強してネイティブと通常の会話ができるぐらいに勉強して習得しました。その結果、英語は普通にビジネスでも使えるレベルにまで上達しました。

しかし、社会人になって、ぼくは仕事で英語を一度も使っていません。2001年に社会人になり、ずっと一生懸命仕事をしていますが、一度も仕事で英語を使っていません。つまり、仕事だけで考えるなら、英語はいらなかったのです。

もちろん、英語を使う仕事を選べば、英語をたくさん使っていたでしょう。でもそういう仕事を選ぶ必要はありませんでしたし、これからも必要性に迫られることはないでしょう。

繰り返しになりますが、「できない」か「できる」で、どちらがいいかと聞かれたら誰でも「できる」を選ぶでしょう。そういう意味では、英語は話せたほうがいい。でも、ぼくらの時間は有限なのです。すべてにおいて「念のため、できるようになっておきたい」と手を付けていたら、本当に自分が必要なことに時間を使えなくなってしまいます。

成功体験を積み重ねたら、いけない

「行動し続ければ、いつかゴールまでたどり着く」

この発想は、多くの人にご賛同いただけると感じています。毎日少しずつでも進んでいけば、それがたとえカメの歩みだったとしてもいつかはゴールにたどり着きます。

そして、行動し続けられるように、成功体験を積み重ねればいいと言われることがあります。成功体験を積み重ねれば、自信がついて行動し続けられるという理屈です。

「行動を続けられないのは、自己肯定感が低く、成功するイメージを持てないから」

という話ですが、この発想は少し危険です。

成功体験を積み上げて、「これができた。だから次もできるだろう」と思えるようになり、その次も「できる！」と思えるようになったとしましょう。

でも、この発想はすごく危険です。なぜなら、**失敗を許容してないから**です。

小さな成功体験を積み上げて、成功するイメージを持てたとしても、現実問題としては失敗するときがあります。

どんなに優秀なバッターでも7割は失敗しています。いくら「自分は打てる！」と強く心で思ったとしても、実際には失敗するのです。ここで成功体験が崩れてしまいます。「やっぱり自分はできなかった。勘違いしていただけだ。自分がバカだった」

と、さらに凹んでしまう人もいるでしょう。

大事なのは、「私は失敗しない！」と思い込むことではなく「失敗しても問題ない、失敗しても次がある！」と思うようになることです。

なぜ「絶対成功する」と思うほど、行動できないのか？

以前、クイズ番組の「ネプリーグ」に出演しました。ネプリーグは、やらせは一切なく、問題も事前には教えてもらえません。その場で自分1人で考えて答えなければいけません。このときに、番組プロデューサーから「大丈夫です、絶対にわかる問題を出しますので」と言われたんです。これがものすごいプレッシャーになりました。

「超難問を出します」と言われたら、「わからなくても仕方がない（失敗しても仕方がない）」という考えになれます。でも、「絶対にわかる問題を出す」と言われたら、それこそ絶対に正解しなきゃいけないじゃないですか。

これと同じです。成功体験を積み上げ、「自分は絶対に成功できる」と思えば思うほど、失敗を許容できなくなってしまいます。そして、**失敗できないと思えば思うほど怖くなり、チャレンジができなくなります。**

ぼくらが**行動できるようになるためには、失敗を許容することが必要**です。勝負から逃げろということではなく、**「失敗しても大丈夫！ 次がある！」**と思うことが大事です。当然、毎回結果を出すつもりでやります。でも、毎回毎回望んだ結果が出るわけではありません。もし満足のいく結果が出なかったら、「自分はダメだ」ではなく「また次がある！」と考えてください。そう思っている人が、また次のチャレンジに向かえます。

その行動、変化をもたらせている？——「捨てていい項目」を言語化する

実は、まじめな人ほど、自分がやるべきことを見つけられません。正確に言うと、やるべきことを絞れません。「全部やる、全部ちゃんとやる」という発想が刷り込まれている人が多く、100点満点を目指してしまいます。

時間が十分にある学生であればこの発想でもまだ戦えますが、社会人では致命的で

す。状況は日々変わり、世の中も進化していきます。すべてに手を付けていたら、確実に時代に取り残されますし、さらにはあなたの人生はほぼ止まってしまいます。

とはいえ、かつてのぼくのように、「山をかけることができない人種」は重要な部分に絞って取り組むことが苦手です。

そもそも、どうやってその「ポイント」を調べていけばいいのかがわかりません。そのとき、どう考えればいいのでしょうか？

ここでのポイントは、**「自分が何かの変化を得られるか」**です。

やるべきこととは、「ゴールに向かうために、やるべきこと」ですよね。つまりは、**それをやることで自分がゴールに近づいていなければいけない**のです。言い換えれば、変化を得られていなければいけません。

年間200冊読んで学んだことを、実践し、結果につなげたか？

たとえば、「年間200冊もビジネス書を読んでいる」とアピールする人がいます。

それだけ毎日読書に時間をあて、勉強熱心であることを訴えています。

本を書いていて出版社も経営しているぼくの立場では言いづらいですが、今すぐやめたほうがいいです。本を読むことは大事だし、本を読んでもらえなければ、作家としても出版社経営者としても、仕事を失ってしまいます。しかし、本人のためを思うなら、「いったんやめるべき」と伝えざるを得ません。

というのは、何も変化が得られていないからです。

年間200冊ビジネス書を読んでいるにもかかわらず、まだ年間200冊ビジネス書を読むことに時間を使っているわけです。本を読むことは大事ですが、**本を読むだけでは意味がありません。学んだことを実行しないと意味がありません。**実行しないのであれば、本を読む必要なんてありません。

さらに言えば、**本を読んで行動に移し、何か結果を出さなければいけません。**結果につなげようとする視点があれば、むやみに本を読む時間なんて取れなくなります。だいたい忙しい人たちは本を読んで勉強しています。そして、読んだ知識を活かすために、実行していきます。

こういうことが起きてしまうのは、本を読む目的、言い換えると「本を読んで得られる変化」を見失っているからです。

本を読む本当の目的は、知識を吸収することではありません。知識を吸収した結果、何かができるようになることです。できるようになりたいから、本を読むわけです。

では、**あなたは何ができるようになりたくて、その本を読んでいるのでしょうか？**

そこを忘れてはいけません。

同じように、ぼくらがリストアップする「やるべきこと」とは、何かしらの変化を得られるものであるはずです。確実に変化が得られるかどうかはまだわかりません。しかし、「これをやれば、○○ができるようになりそうだな」という想定は持っていなければいけません。もしその想定がないのであれば、それまで費やしていた時間を、別のことに使ったほうがいいでしょう。

ぼくが10年間続けている「30秒読書」

少し余談になりますが、ぼくは作家として、経営者として、日々本を読んで勉強しています。勉強しないと新しい本は書けませんし、会社の経営も難しくなります。

ただ、とにかく新しい本をたくさん読むという読書法ではなく、「30秒読書」という独自の本の読み方を続けています。

今現在も、ぼくのデスクには本が10冊積み上がっています。これらは過去に一度読み、再度読んだほうがいいと感じている本です。本は一度読んだだけでは忘れてしまいますし、本で学んだことをやってみようとしても、ついつい頭から抜け落ちてしまいます。いい本は何度も読まなければいけません。

とはいえ、何冊も何十冊も繰り返し読むのは、非常に時間がかかってしまいます。

そこで「30秒読書」をするのです。「30秒読書」とは、文字どおり**30秒で1冊読む**ということです。

一度読んだ本であれば、全部でなくても、ところどころは覚えています。重要なところに線を引いたかもしれませんし、目次で気になったところがあるかもしれません。

ですから、**30秒でそれを振り返ります**。30秒あれば、前に読んで気になったところをパラパラ見返すことができます。特に気になって「これは自分でも実行しよう」と思っていたところにも目が行きます。これで思い出すのです。

この30秒読書を10冊分やります。30秒で10冊ですから、5分で終わります。この5

分を毎週末やります。1カ月4週間だとして、月に20分です。

同じ本を2回読んでも、覚えているところは限られるでしょう。そして、10冊を2回ずつ読んだとしたら、おそらく20~30時間かかるでしょう。でも、この30秒読書だったら、毎週5分で思い出せます。そして、実行に移せるのです。

ピックアップする10冊は定期的に入れ替えていますが、1年前に読んだ本を再度追加したりもします。1年前に読んで感銘を受けても、実際には行動につなげられていない部分がたくさんあります。それを再度掘り起こして、実践できるようにしています。ぼくは職業柄、知識を多く吸収しなければいけません。この30秒読書をすることで、かなりインプット効率が上がりました。ぜひみなさんも試してみてください。

第5章

「やりたいこと」と「今日やるべきこと」を言語化する

人生が止まってしまう本当の理由は、「あきらめるから」ではない

頑張っているのに状況が変わっていかないとしたら、それには原因があります。よく言われるのが、**「目標を明確に持っていないから」「気力が続かないから」「習慣になっていないから」**、そして、**「すぐやらないから」**などです。

いろんなことが言われますが、人生が止まってしまう理由を根性論にしてはいけません。根性が足りないから人生が止まってしまうのではありません。

ぼくのまわりのビジネス成功者や、自分の人生を謳歌《おうか》している友人たちも、根性が人一倍あるからうまくいったわけではありません。彼らは、自分の分野では成功をしていますが、たとえばマラソンを走らせたら早々にあきらめると思いますし、ダイエットに何度も失敗している人もたくさんいます。

もし根性のある・なしで結果が決まるのであれば、結果を出せる人はなんでもできているはずです。でも、そうはなっていません。根性・やる気の話ではないのです。

人生が止まってしまう理由は、突き詰めて考えると、要は**「行動リストがないから」**です。

人生を動かすために、自分がすべきことがあります。自分でリストアップした「すべきこと」を実行していき、やがて結果を出していきます。

ただ、この「すべきこと」のリストは、全員が同じものを挙げられるわけではなく、全員が同じ数を出せるわけでもありません。リストを多く出せる人もいるし、少ない数しか出せない人もいます。そして、リストが少ない人は、すぐに「これ以上やることがない」「何をしていいかわからない」という状態になってしまいます。だから行動が止まってしまうのです。

ポイントは、その人の能力や頭の良さ、センスではありません。「行動リスト」を持てるかどうか、です。逆に、やるべきことのリストが頭の中にたくさんあれば、これをやろう、こっちをやってみよう、こんどはこっちをやろう、というように常に動き続けることができます。

「あきらめなければ夢は叶う」は大嘘

根性論の言い換えとして「あきらめなければ夢は叶う」というフレーズがあります。自己啓発書などでは頻繁に登場するド正論のフレーズですが、ぼくにはかなり意識高い系の根性論にも聞こえます。

たしかに理屈で言えば、成功するまであきらめなければ成功します。当たり前ですね。でも、これをマインドややる気の話で捉えてしまうと、「気持ちさえあればいい」「気持ちが大事だ!」と聞こえます。「詳しいことはよくわからないけど、気持ちとやる気が大事だ! あきらめるな!」と言われているだけのように聞こえてしまうのです。

自分の人生を振り返ってみると、やりたくてもあきらめてしまったことがありますよね。英語、ダイエット、何かの資格取得など、やろうとしたけどやめてしまったことはたくさんあると思います。たしかに、結果が出ないときにあきらめたから結果が出ませんでした。

ですが、あのまま続けていたら結果は出たのでしょうか？

おそらく「このままやっていても無理」と感じたからやめたのではないでしょうか？

60過ぎの売れないバンドマンとカーネル・サンダースの違い

たとえば、メジャーデビューを夢見て、ずっとバンド活動をしている人がいます。「あきらめなければ夢は叶う」と信じ、気づけば60歳を超えてしまいました。しかし、あきらめなければ夢は叶うと言い、定職につかず、俺はいつかメジャーデビューして世界中に自分の音楽を届けるんだって言っています。

もちろん、それは個人の自由ですし、ロマンがある生き方かもしれません。けれども、果たしてそこでもまだ「あきらめなければ夢は叶う」と思えるんでしょうか。

そこであなたは、「まだあきらめちゃいけない！　あきらめなければ夢は叶うよ！」と言えますか？

一般的には、「そろそろ現実を見なさい」と言われてしまうような話です。60過ぎのバンドマンが定職につかず、自分の部屋でギターの練習をしています。でも、レコード会社からは全然声がかかっていないわけです。どう感じるかは人それぞれですが、そんなに成功確率は高くないと感じるのではないでしょうか。それでも「あきらめなければ、夢は叶う」と本気で思えるのでしょうか？

ぼくにはそうは思えません。

でも一方で、カーネル・サンダースの例を出して「何かを成し遂げるのに、遅すぎることはない」という教訓も口にしますよね。カーネル・サンダースがケンタッキーフライドチキンを始めたのは65歳のときでした。そこから始めて、実際に世界中に知れ渡るフライドチキンのチェーン店をつくったわけです。

カーネル・サンダースに対して、当時、「いい年して、何やってんの？」「絶対無理だよ」などいろんな否定的なコメントが出ていただろうことは容易に想像がつきます。でも、結果的に彼はやり遂げましたし、このエピソードはみんなに勇気を与えてくれます。

ただし、これを努力論で処理してはいけません。先ほどのバンドマンとカーネル・サンダースの違いを両者の努力や根性の差で捉えてはいけません。

両者には明確に違いがあります。

それが**「行動リストの量」**です。

あきらめなければ夢が叶うのではなくて、**「策が尽きなければ夢は叶う」**のです。つまり、成果を出すためにこれが有効だろう、これも有効だろう、これもやってみよう、という作戦がある人は、順番にそれを実行に移せます。でも、その策がなくなったら「もうこれ以上何をしていいかわからない」と感じ、行動できなくなってしまいます。

策が尽きてしまうから夢が叶わなくなるのです。

カーネル・サンダースが持っていた「行動リスト」の量と実践力

カーネル・サンダースは、ケンタッキーフライドチキンの事業計画書を持って1000回以上営業に行きました。要は、夢を叶えるためにすべきことの**行動リストを1**

000個以上持っていた、そして、それを実行したということです。

事業計画書を持って営業しに行くことが、筋が良いものだったのかはわかりません。というよりむしろ、それだけ失敗しているので、そんなに筋が良いやり方ではなかったんじゃないかなという推測も立ちます。もっとうまいやり方もあったかもしれません。

ただ、いずれにしても1000回以上行動したわけです。A社がダメなら、次はB社、それがダメならその次はC社……というように、やるべきことのリストを持っていて、それを地道にやっていったわけです。何より、その行動リストが尽きなかったから、彼の夢が叶いました。

一方、先ほどのバンドマンは、いつかは自分の音楽を世界中に届けたいという思いがありつつ、行動リストがありませんでした。「家で練習する」「路上で歌う」「小さいライブハウスで歌う」「いい曲をつくる」、それぐらいしか行動リストを持っていませんでした。

それらが結果につながらないのであれば、別のことをしなければいけません。でも、

「行動リスト」の量が夢の実現を左右する

「60過ぎの売れないバンドマン」の行動リスト

◎家で練習する
◎路上で歌う
◎小さいライブハウスで歌う
◎いい曲をつくる

夢は大きくても、行動リストが少なすぎる……。

カーネル・サンダース

◎秘伝のレシピを考案
◎事業計画書を作成
◎スパイスと圧力鍋を積みこんだ車で、全米を営業開始
◎A 社への営業⇒NG
◎B 社への営業⇒NG
◎C 社への営業⇒NG
◎最終的に1,010 社目の営業で最初の契約を獲得

夢とともに、行動リストの量を持って、行動し続けた

「あきらめなければ」夢が叶うのではなく、
「策が尽きなければ」、夢は叶う。

その別の行動リストがありませんでした。だから、成果が出なかったのです。

もし「YouTubeに動画を出す」「インスタのリールで歌う」「フェス会場の近くまで行き、その路上で歌う」「クラウドファンディングでお金を集め、ひとまず自費でデビューする」などの行動リストを持っていたら、何かしら試行錯誤ができたはずです。

行動リストが尽きたときに、「万策尽きた」と感じて、ぼくらの夢は終わるのです。

自分の中でも、行動リストが尽きたときに「このままだと結果が出ないだろうな」と感じ、あきらめるわけです。

自分が望む人生を手に入れた人は、優秀だから結果が出せるのではなく、行動リストが尽きないから結果を出せるのです。そして、次から次に行動リストを出せる人が、行動し続けられ、そしていずれ結果にたどり着くことができるのです。

ぼくらにとって必要なのは、これを次やってみよう、その次はこれをやってみようと新しい策を出せることです。

エジソンは電球を発明するときに1万回失敗したと言われています。ここで注目しなければいけないのは、彼の根性やあきらめない心ではなく、どんどん新しいやり方を思いついているという点です。あきらめない心が強かったから継続できたのではなく、「策」が尽きなかったから継続できたのです。次はこれを試してみよう、こんなこともやってみようという策が思いつかなければ、いくらエジソンでも行動を続けることはできません。そして、人生を動かすことはできません。

行動リストがどんどん思いつく「言語化」3つのステップ

自分がやるべきことを見つけるためには、**3つのステップで段階的に言語化していく**ことが重要です。3つのステップは次のとおりです。

【ステップ1】全体を俯瞰《ふかん》して「軸を広げる」。
【ステップ2】「方向付け」する。
【ステップ3】「今日やるべきことに分解」する。

1つずつ詳しく見ていきましょう。

【ステップ1】全体を俯瞰して「軸を広げる」

最初は、俯瞰して広げなければいけません。具体的な行動リストを洗い出すには、物事の全体像を捉える必要がありますからね。

たとえば、**「一流の人材になる」**というゴールを掲げたとしましょう。

では、**「一流の人材になるために何をしていけばいいのか?」**を自問し、頭の中で考えます。しかし、この「一流の人材になる」は非常にテーマが広く、いろんな側面がありそうです。

この状態で、「やるべきこと」を掲げていこうとすると、頭に浮かんだ一部分のことばかりリストアップするようになります。

たとえば、「本を読む」「誰かに会いに行く」「誰かの話を聞く」などです。これらを思いつき、実行することは悪いことではありません。ですが、これらだけでは「一流の人材」の一側面しか満たせません。要は、**網羅性がない**のです。

優秀な人材になるために必要なことは、たとえば**「マインド面」「行動面」**、もしくは**「身だしなみ」**の面もあるかもしれません。いろんな側面があります。自分で思いつくことが、**「自分の仕事の成果を上げる」**だけだったとしたら、「自分の身なりを整える」ことに関してはすっぽり抜けてしまうんですね。

もちろん、自分の仕事の成果を上げることは大事なことです。しかし、身なりも整えていかないと「一流の人材」として見なせないのであれば、そこも網羅しなければいけません。

そのためには、ひとまず**「ゴールを達成させるための必要条件」**を洗い出さなければいけないでしょう。何が満たされていれば、最終的に結果が得られるのか、それを自分の中で整理しなければいけないのです。

では、そのために何をすればいいのか？

そこで必要なのは、**「ゴール達成のために重要なものは何個あるか？」**と自問することです。

俯瞰するために必要なのは「数」

物事を俯瞰して見るために必要なのは、「数」を考えることです。ほとんどのケースで「ゴール達成のために何が必要か？」と自問しますよね。「何が重要か」を考えるので、みんな「何」に焦点を当てて考えようとしてしまいます。でもそれだと、最初に頭に浮かんだものに固定化されてしまいます。

先ほどの「一流の人材になる」がゴールテーマだとすると、「そのために何が必要？」と自問してしまいますね。そして、出てきたものが「本を読む」だとすると、「他にどんな勉強をしたらいいだろうか？　どんな勉強ができるだろうか？」という目線に固定化されがちです。本だけじゃなく、**「YouTubeやセミナーからも学べる」「人に会いに行くことも勉強になる」「知らないものを見聞きするのも役立ちそうだ」**といろいろな案を出していけるかもしれませんが、それはすべて**「学ぶ」という軸の範囲内**です。

「何が必要？」と自問するから、軸を考える前に詳細が頭に浮かんでしまい、全体が見えなくなってしまうのです。

そうではなく、**数を問いかけます。「重要なのはいくつ？　一流の人材になるために必要な軸はいくつ？」**と自分に問いかけてみてください。

この質問では、そもそも重要な軸がいくつあるかに、目が向きます。となると、自然に大きな軸が頭に浮かんできます。

「一流の人材になるために必要な軸はいくつ？」

「えーっと、『何か学ぶこと』は必要だな、それか『見た目を整える』ことも必要だな、あとは『他人にうまく伝えるコミュニケーション能力』も必要だし、それに『自分をコントロールする自制心』も大事だろうな……。全部で４つだな」

と考えることができます。

同じように、今年こそはダイエットと考えている人も、まずは軸から考えていきます。

「ダイエットするために、何をすればいいだろうか？」ではなく、**「ダイエットするために必要な軸はいくつあるだろうか？」**と自問します。

こうなると、「運動が大事」「食事のコントロールが大事」「習慣化させることが大事」、あとは「痩せる体質になるための体の使い方が大事」、あとは……と自分の頭の中を洗い出すことができます。

大事なのは、**軸の数を言い当てることではなく、数から考えてみようとする**ことです。数から考えてみることで、自分の視野が一気に広がります。

パルテノン神殿の設計で考える

どんな軸を出せばいいかわからなくなったときは、パルテノン神殿のイラストを思い浮かべましょう。ギリシャのパルテノン神殿をご存じですよね。柱がたくさんあって、その上に屋根っぽいものが載っています。言い方を変えると、たくさんの柱で屋根を支えています。屋根の下にたくさんの柱があります。あの構造で、最終ゴールを支えるいくつかの「柱」を考えるのです。

「何をすればいい？」ではなく、
「必要な軸はいくつある？」という発想

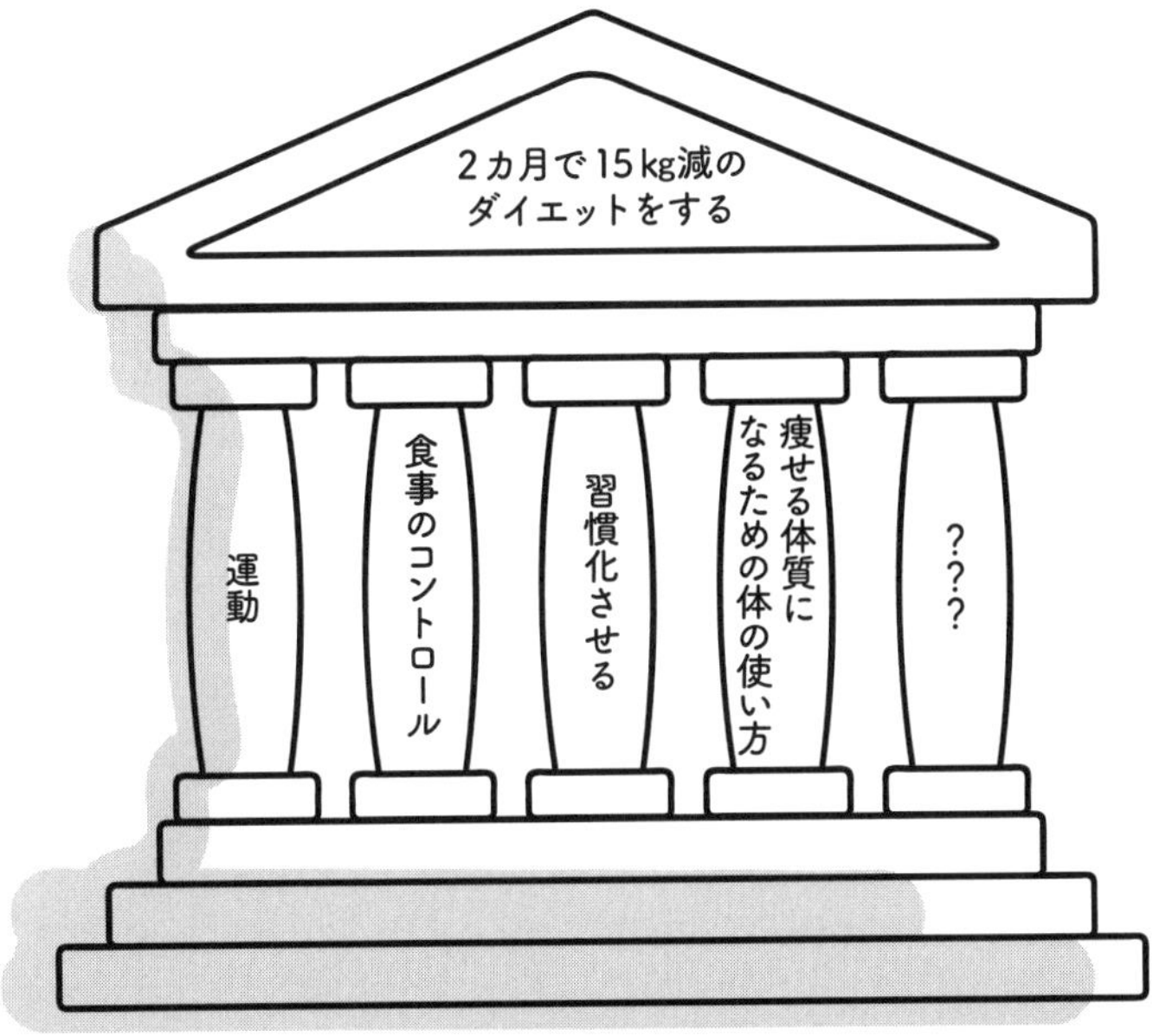

「最終ゴール」（屋根）を達成するための
「条件」（柱）の数を考える

それは、つまり最終ゴールを達成するための条件を考えるということです。

「全体を俯瞰して『軸を広げる』」練習

「一流の人材になる」というゴールを掲げても、いまいちそれがどういう状態になるか自分ではっきりとしていません。最終的なゴールは明確になっていたとしても、そのゴールが示す内容が自分でクリアにわかっていないケースは多々あります。

ここで、自分が思う「一流の人材になる」ための必要条件を挙げてみましょう。

たとえば、自分にとって一流の人材とは、まず**「仕事ができること」**とイメージします。これが1つ目の条件ですね。でも仕事ができるだけでは不十分です。

いくら仕事ができても、まわりに偉そうに振る舞っている人は一流の人に見えません。**「誰にも優しい」**という条件も加えたくなります。

さらに、見た目がむさ苦しかったり、ヨレヨレのスーツを着ていたら、いくら仕事ができてやさしくても「一流の人材」とは見なせないと感じました。とすると、**「外見がかっこいい」**も条件に入れなければいけません。

【ステップ１】全体を俯瞰して「軸を広げる」

まとめ

◎掲げたゴールを達成させるための「必要条件」を洗い出す。

◎その「必要条件」を洗い出す前に、「ゴール達成のために重要なものは何個あるか？」と自問する。

◎「何が必要？」と自問するから、軸（必要条件）を考える前に詳細が頭に浮かんでしまい、全体が見えなくなる。

◎例えば、「一流の人材になる」ための軸を見つけるのに、「学ぶ」ことばかりを複数挙げてしまうと意味がない。全体を俯瞰して考えると、「学ぶ」こと以外に、「見た目を整える」「他人にうまく伝えるコミュニケーション能力」「自分をコントロールする自制心」といった他の大きな軸が見えてくる。

◎その軸は、最初は「仮」で考えるのがポイント。

仮にこの3つが、自分が思う「一流の人材」だとしましょう。

となれば、これらの3つの条件をクリアすれば、最終ゴールを達成させることができるとわかるわけです。これらの3つが「軸」になります。

軸は、最初は「仮」で考えます。一応はそう考えたものの、もしかしたら間違っている可能性もあるからです。最初から「正しい軸を設定しなければ」と考えると、その軸を設定することに時間をかけてしまい、ゴール達成に向かうための行動ができなくなってしまいます。

軸を設定する目的は、ゴールに向けてやるべきことを俯瞰してみるクセをつけるためです。まずは俯瞰してみることが大事なので、軸の正誤は考えすぎないほうがいいでしょう。

【ステップ2】「方向付け」する

ステップ2は、「方向付け」です。ゴールに向かって重要な軸をひとまず俯瞰して出したら、次は**それぞれの軸を少し細かくし「方向付け」をしていきます。**一流の人材になるために「学ぶ」、ダイエットをするために「運動をする」と言っても、まだこの段階ではかなり漠然としていますよね。

「学ぶ」と言っても、何を学ぶのか、どう学ぶのか、どんな知識を入れるために学ぶのかがかなり不明確です。ここで方向付けをするのです。

要は、**何ができていればその「軸」をクリアしたと言えるのか**を考えていきます。

たとえば、「学ぶ」と言っても、1分間本を眺めればいいわけではないですよね。1分でも学びは学びかもしれませんが、おそらくそれを意図していることではないでしょう。

であれば、10分学べばいいのでしょうか？　それとも10時間でしょうか？　ここでは、**行為ではなく、「結果」で方向付け**をしましょう。

「学ぶ」ではなく、「○○できるように学ぶ」「○○になるまで学ぶ」「○○が得られるように学ぶ」と、自分がその「軸」を満たしたと思えるような結果を出します。

ダイエットの運動も同じです。「1分間運動する」ではなく、「○○キロカロリー消費する運動をする」「心拍数がここまで上がるような運動をする」「脂肪が燃焼する運動をする」「脚の筋肉がつく運動をする」などです。

【ステップ２】「方向付け」する

まとめ

◎ステップ１で挙げたそれぞれの軸を少し細かくし、「方向付け」をする。

◎何ができていればその「軸」をクリアしたと言えるのか、を考える。

◎「行為」ではなく、「結果」で方向付けするのがポイント。

◎例えば、「学ぶ」ではなく、「○○できるように学ぶ」「○○になるまで学ぶ」など、「結果」で考える。

◎行動に移せるようになるために、「行動リスト」にしていく。

◎ただし、具体的な「行動リスト」にするのに「５Ｗ１Ｈ」で表現すると、キリがなく、結局行動しなくなる可能性あり。

結果的に何を目指しているのかを自分で付け加えます。これが方向付けをしたことになります。

「方向付け」したものを具体的な「行動リスト」にしてみるが……

方向付けをしたら、ある程度やるべきことが見えてきます。でも、まだぼんやりですね。「10キロ歩ける脚力がつくような運動をする」と決めれば、なんとなく行動の方向性はわかります。でも、まだあいまいです。これでは行動につながりません。というのは、ステップ2で出したものが、単なる「方向性」だからです。

「ダイエットをしたい、何をすべきか？」と考えると、大半の人は「食事に気をつけよう」「運動をしよう」などですね。それは正しいと思います。次にそれらの軸に方向付けをします。「野菜中心の食事にしよう」「脚に筋肉がつく運動をしよう」と考えます。

ですが、それらは単に「こんなことをやる」と言っているだけの方向性を決めたレベルです。方向性しか示していないので、いざ実行に移そうとしても何も思い浮かびません。

せっかくモチベーションが高まっていても、「野菜中心の生活かぁ。ひとまず朝食何にしようかな……。うーん、サラダにしようかな、それとも温野菜とか頑張ってつくろうかな……、それともあっちにしようか……」と悩んでしまいます。そして時間だけが過ぎていきます。

行動に移せるようになるためには、文字どおりの**「行動リスト」**をあらかじめ用意しておかなければいけません。多くの人が頭ではそう理解しています。

しかし、行動リストのつもりで、やはり「方向性」を示して終わっている人がほとんどです。

◉自分磨きをする
◉自分軸で行動する／相手の立場に立って行動する
◉アイディアを出す

◉健康に気を遣う
◉自分の強みを発揮する
◉ネガティブなことは言わない

などなどです。

これらは「行動リスト」ではなく、単に「そんな感じのことをやる」と示しているだけですね。抽象的すぎます。これでは、いざやろうとしても何もできません。

では逆に、ものすごく細かいことを出せばいいのでしょうか？

具体的にするためには **「5W1H」** で表現すればいいとよく言われますね。そのように表現を変えてみましょう。

「自分磨きをする」が抽象的で行動できないのであれば、これを5W1Hで具体的にしてみます。

◉毎朝7時に、家のリビングの食卓の横で、1人で、自分の姿を鏡で見る。

◉毎朝7時0分10秒に、家のリビングの食卓の横で、1人で、体重計に載る。
◉毎朝7時0分30秒に、家のリビングの食卓の横で、1人で、200㎖の白湯を飲む。
◉毎朝7時1分30秒に、家のお風呂で、1人で、シャワーを浴びて寝癖を直す。

試しにこういうものをリストアップできました。たしかに具体的になり、一つひとつ何をすればいいのかは明確になりました。

でも、これではキリがありません。「自分磨きをする」という方向性で、秒刻みで行動リストを出すのは大変すぎます。結局、大変すぎてやらなくなってしまうでしょう。

「3年後に転職ができるように勉強をする」と方向付けをしても、いざ勉強しようとすると動きが止まってしまいます。

「何で勉強するの?」「本? YouTube? セミナー? 会社の研修?」といろんな選択肢がありますし、「3年後に転職ができるような勉強」にもかなり多くの選択肢があり得ます。「○○さんのマネー系動画を見る」「●×さんのＡＩアプリについての解説を見る」「■■さんの……」と、それを一つひとつリストアップするのは大変だし、毎日全部リストアップすることにあまり意味を感じられません。

【ステップ3】「今日やるべきことに分解」する

では、どうすればいいのか？

ぼくらが意味のある「行動リスト」をつくるためには、**「3分で完結するものに小分けする」**が有効です。

3分で完結する表現にすることで、抽象的な表現にならず、自分が何をすべきかわかるようになります。同時に、先ほどの一挙手一投足を書くような感じにもなりません。意味のある「行動リスト」になります。

たとえば、先ほどの「YouTubeで勉強する」ことを考えます。

「YouTubeで勉強する」を3分間に区切って考えます。実際には3分間でできることはそれほど多くはありません。逆に言えば、やるべきプロセス一つひとつに目が向くようになります。そして、「その3分間で自分ができることは何か?」を考えるようになります。
今からストップウォッチを持ってください。これからYouTubeの動画を見て勉強をします。何から始めましょうか?

◉[最初の3分] 自分が勉強したいテーマを考える。
◉[次の3分] そのテーマで検索をして、どの動画を見るか取捨選択する。
◉[その次の3分] その動画を見る。
◉[その次の3分] その動画を続けて見る。
◉[その次の3分] その動画をさらに続けて見る(全9分の動画だった場合)。
◉[その次の3分] その動画で言っていたことを思い出し、メモをつくる。

これで18分です。18分あれば、自分のゴール達成に役立ちそうなテーマを選び、動画を選定し、それを見て、学んだものを自分のメモにすることができます。たった18分ですが、ここまでできます。

【ステップ３】「今日やるべきことに分解」する

まとめ

◎意味のある「行動リスト」をつくるために、「３分で完結するものに小分けする」。

◎「３分間で自分ができることは何か?」を考えると、やるべきプロセス一つひとつに目が向くようになる。

◎期限はゆるゆるで設定する。

◎期限の目安は、「１日でできると思ったものは、１週間に」「１週間でできると感じたものは、１カ月後を締め切りに」「１カ月くらいで達成できると考えたものは、１年以内」にする。

◎うっかり忘れないために、「紙に書いて毎日眺め、目を通し、毎日読み上げる」。

このように分解しなければ、朝起きてひとまず自分の机に座り、「……何しようかな。ひとまずメールチェックしながら考えよう」となってしまいます。そして、18分はあっという間に過ぎてしまいますね。

大事なのは、**「今日何をするか」**ですよね。これが明確に見えるようになれば、行動できます。そのために、3分単位に小分けして考えるのです。

行動に移すために3分間に分けていくのが非常に重要です。

期限はゆるゆるで設定する

実際の「行動リスト」を言語化して明確にしたら、それに期限を設定します。

ただ、ここでまた、多くの人が間違ってしまいます。

「いつやるのか、明確にしなければいけない」というのはそのとおりですが、そこで決めた**「締め切り日」にはかなり無理があります**。

多くの人は詰め込みます。つまり、短期間で多くのことを実行しようとしてしまうのです。計画を立てているときには、非常にモチベーションも高く、万能の力を得たかのようなスーパーポジティブな姿勢で考え、その姿勢でスケジュールをつくってしまいます。でも実際には、その万能感は長くはもたないし、やっぱりすぐに疲れてしまいます。結局、決めた期日に間に合わずに、「できなかった。やっぱり私には無理だったんだ」と自信をなくしてしまうのです。

自信をなくしてしまうのは、あなたの能力が不足しているからではありません。詰め込みすぎるからです。どんなに優秀な人でも、非現実的なスケジュールをつくられたら実現できません。本来1年間でやることを、1週間でやろうとしたら、誰もが確実に失敗します。能力が足りないのではなく、モチベーションが低いからでもなく、無理なスケジュールを立てるからいけないのです。

となれば、解決策は1つだけです。締め切りを延ばすのです。

では、どう延ばすか？

ぼくが自分でやっているのは、次のとおりです。

1日でできると思ったものは、1週間に、
1週間でできると感じたものは、1カ月後を締め切りに、

そして、**1カ月くらいで達成できると考えたものは、「1年以内」とする**のです。

そうすることで、無理なく実現できる締め切りになります。もともと1日でできそうなものを1週間にしているので、かなり余裕が生まれます。サボりすぎなければ、前倒しで完成させることができます。これがまた気分がいいんですよね。

自己肯定感とか、自信をつけるとか、たいそうな話ではなく、気分がいいんです。それが大事です。

ただ、締め切りをゆるくすると、同時に気もゆるんでしまうことがあります。そうならないように、**締め切りを毎日読み上げる**ようにしています。

紙に書いて毎日眺める、目を通す、毎日読み上げる。

そうすれば、うっかり忘れることもありません。

すでに説明したように、**毎日何かしらの行動をしていれば、仮にカメの歩みだったとしてもゴールに近づいていきます**。そしてやがて、ゴールを達成できるのです。

おわりに

言語化すれば、「残り95％」のあなたの頭の中を活用することができます。

「思考は現実化する」と言われます。でも、それは半分正しいけれど、半分は間違っていると思います。**現実化するのは、「思考」ではなく、「明確になった思考」**です。

「努力は報われる」とも言われます。でも、これも半分間違っています。**報われるのは、単なる「努力」ではなく、「正しい努力」**です。

明確になっていなければ、それは考えていないのと同じだし、自分にとって正しい方向性でなければ、いくら努力をしても、行きたい場所にはたどり着けません。

ぼくらは、子供のころから「察するトレーニング」を受けてきました。学校の国語の授業では教科書を読み、主人公の気持ちや文章の主旨を読み取るトレーニングばかりしてきましたね。テストで試されるのは、その「読み取り、察する力」です。

これはこれで、必要な力です。しかし、いつまでも読み取ってばかりでは、自分の人生を生きることはできません。他人の顔色を見て、世の中が求める「枠」の中でしか、自分の行動を決めることができません。

これからのぼくらに必要なのは、**「自分は何がしたいか」**、そして**「自分にとって何が必要で、自分はこれから何をしなければいけないか」**です。それを言語化し、明確に捉えることで、ぼくらの人生は動いていきます。

読み取り、察する力はもう十分です。これからは、もっと自分中心で考えていいと思うのです。自分がやりたいことを明確にし、自分のゴールにたどり着くための方法を明確にし、自分の人生を動かすことに集中すべきです。

ぼくらは日本語で考え、日本語で会話しているので、自分の思考や言葉が「言語化」されていると誤解してしまいます。でも実際は、言語化されていない、あいまいな言葉がたくさんあるんですよね。

「お金持ちになりたい」「幸せになりたい」「人生を謳歌したい」って言いますが、おそらく自分自身でも、具体的にどういう状態を指しているのかわかっていません。「顧客に価値を提供しよう」「唯一無二の人材になろう」と考えても、結局のところ何ができていればそうなるのかがわからず、一向に価値を提供できず、唯一無二にもなれません。

ぼくらは、言葉を通じてお互いにコミュニケーションをしています。そのため、言語化の目的を「コミュニケーションがもっと上手に取れるようになるため」と考えがちです。しかし、それは「言語化するメリット」のほんの一部にすぎません。

ぼくらが**「言語化」する最大のメリットは、実は自己探求と自己実現にあります。**そして、本当に目指すゴールに自分をチューニングしていけることです。

言語化とは、自分のためにするものなんです。言語化することで、自分にとって大事なものが明確になります。自分が「何が実現したらうれしいか」が明確になります。そして、そのために何をすればいいかが明確になります。

人は、自分が持つ筋力を100%発揮していないという話を聞いたことがあるかと思います。普段はフルパワーを発揮できない。でも、いざというときには「火事場のバカ力」が出てきて、普段は絶対に持ち上げられないようなものを軽く持てるようになるという話です。

これは筋力だけでなく、ぼくらの思考についても同じことが言えます。

本書の冒頭でも記したように、ぼくらの頭の中にある感情や考えのうち、95%以上が「あいまい」です。ということは、ぼくらは自分の考えのほとんどを使えていないということでもあります。仮に100の実力や考えを持っても、自覚できたり、能力として発揮できたりするのはそのうちの5%程度なわけです。明確に認知していないものは、自分でも使うことはできませんし、ましてや、行動することも、表現することもできません。

逆に言えば、**明確にできる割合を5%から10%に引き上げるだけで、今のあなたのままでも倍の実力を発揮でき、倍の成果を生み出せる**わけです。頭の良さが倍になるようなイメージです。そんな自分になれたら、すばらしくないですか?

逆に、活用できていない部分がこれだけ多いのは、非常にもったいないことではないでしょうか？

筋力は、本当に追い込まれた状況でなければ、１００％の力を発揮できないかもしれません。でも、あなたの頭の中にあるものを「言語化」して明確にし、本当のあなたの実力を発揮することは、すぐにでもできます。**自分の頭の中を明確にする言語化スキルで、「残り95％」のあなたの思考や能力を使えるよう**になります。

今こそ、「言語化」に目を向けるべきです。あなたが使えていなかった「残り95％」は、言語化することで、すぐにあなたのものになります。

ぼくらはこれまで必死に勉強してきましたし、毎日仕事を頑張っています。これ以上の努力は不要です。**やるべきことは「言語化」**です。あなた自身が変わらなくても、頭の中を言語化させるだけで、自分が考えていることを自分でもよく理解ができるようになり、何をすればいいかの道筋も見えてきます。

本書のタイトル『人生は「言語化」すると動き出す』は決して大げさなフレーズではありません。

本書を通じて、少しでもそれを伝えることができたなら、著者として本当にうれしいです。

もっと自分の頭の中を言語化したい、やり方を知りたい人は、ぼくが書いた『すごい言語化』『リーダーの言語化』も併せて読んでみてください。YouTubeやインスタもがんばって更新しています。一緒に言語化スキルを磨いていきましょう！

2025年春

木暮太一

【著者プロフィール】

木暮太一（こぐれ・たいち）

言語化コンサルタント。作家。（一社）教育コミュニケーション協会代表理事。

14歳から、わかりにくいことをわかりやすい言葉に変換することに異常な執着を持つ。学生時代には『資本論』を「言語化」し、解説書を作成。学内で爆発的なヒットを記録した。ビジネスでも「本人は伝えているつもりでも、何も伝わっていない！」状況を多数目撃し、伝わらない言葉になってしまう真因と、どうすれば相手に伝わる言葉になるのかを研究し続けている。企業のリーダーに向けた言語化プログラム研修、経営者向けのビジネス言語化コンサルティング実績は、年間200件以上、累計3000件を超える。著作『すごい言語化』『リーダーの言語化』『働き方の損益分岐点』など計66冊、累計190万部。

https://educommunication.or.jp/

人生は「言語化」すると動き出す

2025年3月6日　　初版発行
2025年3月27日　　2刷発行

著　者　木暮太一
発行者　太田　宏
発行所　フォレスト出版株式会社
〒162-0824 東京都新宿区揚場町2-18　白宝ビル7F
電話　03-5229-5750（営業）
03-5229-5757（編集）
URL　http://www.forestpub.co.jp

印刷・製本　日経印刷株式会社

ISBN978-4-86680-317-3　Printed in Japan

人生は「言語化」すると動き出す

読者の方に無料特別プレゼント

人間関係の悩みは、「言語化」すればすべて消える

（PDF ファイル）

著者・木暮太一さんより

紙面の都合でどうしても掲載できなかった、人間関係の悩みを「言語化」で解決する方法を解説した、著者の木暮さん書き下ろし原稿を読者特典としてご用意いたしました。本書の読者限定の貴重な特典です。ぜひダウンロードして本書と併せてご活用ください。

特別プレゼントはこちらから無料ダウンロードできます↓

http://frstp.jp/gengoka

※特別プレゼントはWeb上で公開するものであり、小冊子・DVDなどをお送りするものではありません。

※上記無料プレゼントのご提供は予告なく終了となる場合がございます。あらかじめご了承ください。